MOLIÈRE

ET

BOSSUET

MOLIÈRE

ET

BOSSUET

Réponse à M. Louis VEUILLOT

PAR

M. HENRI DE LAPOMMERAYE

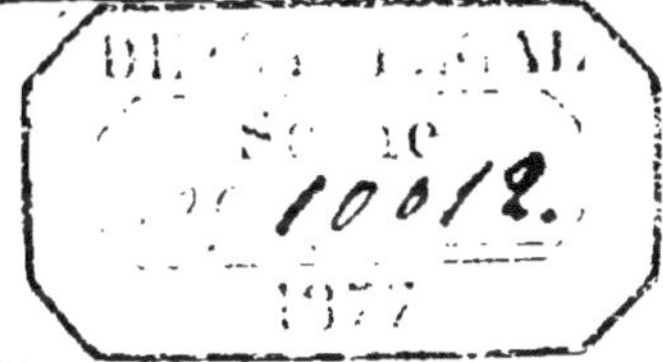

PARIS

PAUL OLLENDORFF, ÉDITEUR

28 *bis*, RUE DE RICHELIEU

—

1877

A M. GOT

DOYEN DE LA COMÉDIE FRANÇAISE

Monsieur,

En vous dédiant ce livre, je paye un juste tribut de reconnaissance à votre Compagnie tout entière, interprète si remarquable des œuvres de Molière, et dont vous êtes le doyen aimé, applaudi et respecté.

Cette dédicace est, en outre, la meilleure réponse qui puisse être faite aux attaques de M. Louis Veuillot contre le métier de comédien, et la plus éloquente défense d'une profession exercée par des hommes tels que vous.

Je vous serre affectueusement la main.

Henri DE LAPOMMERAYE.

MOLIÈRE

ET

BOSSUET

PRÉFACE

Si Molière n'avait pas écrit *Tartuffe*, les
critiques dévoués à l'Église catholique consentiraient à admirer celui que Boileau
proclamait « le plus grand écrivain de son
siècle. »

Les plus religieux se contenteraient de formuler quelques restrictions sur le *genre* ; par respect pour certains Pères de l'Église, et notamment pour Bossuet, ils gémiraient sur les scandales du théâtre, puis, la conscience libérée, ils applaudiraient l'auteur dramatique.

Mais Molière a commis le crime abominable de « jouer les grimaces des hypocrites », et aussitôt les persécutions ont commencé.

Elles durent encore.

C'est la damnation éternelle sur la terre !

Depuis le mandement de l'archevêque de Paris Hardouin, donné à Paris le onzième août mil six cent soixante-sept, jusqu'au pamphlet, que vient de publier M. Louis Veuillot, fin septembre mil huit cent soixante-dix-sept, prédicateurs, prêtres, princes de l'Église, ministres et fonctionnaires pratiquants, journalistes fervents, tous se sont ligués contre l'œuvre et contre l'auteur ; et, dans cette campagne séculaire, si furieusement menée, ce ne sont pas les moins illustres chefs du parti catholique qui ont été appelés à prendre les armes : Molière *le bouffon* n'a point d'obscurs adversaires !

Après lui avoir opposé les Bossuet, les Bourdaloue, l'Église a choisi dans les âges suivants les champions les plus fameux, et voilà qu'en un temps où la papauté, la libre-pensée et le radicalisme sembleraient devoir absorber toute son attention, solliciter toutes ses forces, le rédacteur en chef de l'*Univers* daigne s'occuper de... Scapin.

Il y a donc un très-grand intérêt pour la religion, pour l'Église, pour le salut des catholiques, à méconnaître, à calomnier Molière ?

— Assurément : Molière n'est-il pas l'auteur de *Tartuffe*?

— Mais encore...

— Cela ne vous suffit-il pas?

— Quoi! ce serait la seule raison ?

— La seule.

1.

Vous objecterez en vain que Molière a composé dix autres chefs-d'œuvre.. *Tartuffe !*

Qu'il est le représentant le plus merveilleux de l'esprit français... *Tartuffe !*

Qu'il est applaudi, admiré depuis plus de deux cents ans... *Tartuffe !*

Tartuffe, Tartuffe, cela répond à tout, comme le *sans dot* de l'*Avare.*

La preuve, c'est que M. Louis Veuillot n'a pris la plume qu'à propos de *Tartuffe* et seulement à cause de *Tartuffe.* Il y a eu, à la vérité, une attaque contre Bourdaloue, mais sans *Tartuffe,* Molière n'eût pas été mêlé à l'affaire.

M. Veuillot l'avoue, il le dit en plusieurs passages de son volume, le succès de cette *prétendue comédie, si longue et si fausse,* l'agace ; le bruit des bravos du parterre qui applaudit les *bons endroits* lui est particulièrement désagréable, et si l'on a le malheur de traduire en langue étrangère, de représenter sur la scène anglaise la pièce française, oh ! alors, cela devient de la rage !

Encore un coup, ce déchaînement contre *Tartuffe* est singulier ; j'en suis fort marri pour l'Église dont le baptême m'a fait un des enfants, car par cette pratique les dévots ont transformé *Tartuffe* en machine de guerre contre la religion.

Ce qui rend possible au théâtre la satire des caractères, c'est que personne ne se reconnaît dans les portraits exposés sur la scène.

L'avare, le débauché, le jaloux, le bourru, regardant leur voisin, ou songeant à quelque ami, s'écrient : « *Comme c'est bien ça !* ». Ils se garderaient de dire : « *Comme c'est bien moi !* »

Les dévots ont eu une tout autre attitude. Dès que *Tartuffe* a paru sur le théâtre, ils ont prétendu qu'on les jouait.

Cette maladresse me confond !

Est-ce que les gens qui ont la conscience

tranquille fuient à toutes jambes quand on crie : au voleur?

Est-ce que l'honnête homme est blessé quand on maltraite les coquins?

Pourquoi donc l'archevêque de Paris, les orateurs sacrés ont-ils lancé leur foudre contre *l'Imposteur*? Qu'y avait-il de commun entre eux et l'hôte d'Orgon?

Rien, pas même le costume, puisque, par un accord intervenu entre le Roi et le comédien, « l'hypocrite fut vêtu de manière à ce qu'avec la plus mauvaise foi imaginable, on ne pût reconnaître en lui un caractère sacré (1). »

Je vais plus loin. Molière eût-il voulu attaquer directement l'Église — n'est-ce pas un anachronisme de faire de Molière un voltairien? — l'Église n'aurait pas dû comprendre la secrète intention de son ennemi : elle pouvait, sans danger, accepter pour sincères

______

(1) *Second Placet au Roi*, à la tête du *Tartuffe*.

les déclarations publiques de Molière attestant son respect pour la vraie dévotion,
et elle aurait dû être la première à se réjouir
de voir livrer au parterre les imposteurs qui
la déshonorent ou plutôt qui la font injuste-
ment suspecter, en couvrant leurs vils intérêts de la cause de Dieu.

Au reste, nous examinerons tout à l'aise,
en compagnie de M. Veuillot, cette comédie
de *Tartuffe* : ce que nous voulions, dès l'abord,
indiquer, c'est le mobile qui a poussé de tous
temps, qui pousse et qui poussera contre Molière les champions de l'Église catholique,
apostolique et romaine; jamais ils ne lui par-
donneront *Tartuffe,* et ce ressentiment les
rendra éternellement injustes, même envers le
littérateur.

Ainsi, dans ce volume de deux cent
soixante-neuf pages (1), j'ai cherché en vain

(1) Société générale de librairie catholique. — Paris,
Victor Palmé.

l'hommage qu'aurait dû rendre au moins au génie de Molière, sinon à son caractère, un des écrivains les plus sensibles aux beautés de l'art, et qui brilla jadis dans la critique théâtrale.

Pour louer cette gloire de notre littérature nationale, il y a une ou deux phrases.... pas même..... deux membres de phrase, quatre ou cinq lignes, vingt-deux ou vingt-huit mots, pour « ne pas contester le nerf de la langue, la clarté, la verve » et puis..... c'est tout.

N'est-ce pas bien peu pour un homme qui occupe une si grande place dans le siècle des Corneille, des Racine, des Bossuet, des Bourdaloue ?

Suffit-il du « *Tartuffe* » pour expliquer une telle parcimonie, une telle iniquité ?

Mais si l'éloge est microscopique, l'attaque en revanche a une étendue, une violence, une perfidie inouïes.

La vie privée, la vie publique sont fouillées, pour en tirer les accusations les plus terribles.

Les chefs-d'œuvre sont déchiquetés à belles dents. Non-seulement *Tartuffe* est pris à partie, mais aussi le *Misanthrope* qui cependant paraissait avoir trouvé grâce autrefois devant le lettré, devant l'homme de goût (1).

Et, sur les ruines du théâtre de Molière, sur les débris de la réputation du comédien, M. Veuillot établit Bourdaloue, assez singulièrement placé au milieu de ces décombres.

Que M. Louis Veuillot regrette de ne pas avoir vu élever une statue à Bourdaloue, nous trouvons ce regret naturel et nous nous y associons, mais renverser le buste de l'auteur des *Femmes savantes* pour mettre sur le même socle l'auteur du sermon sur les *Divertissements du monde*, voilà une singulière idée qui ne serait pas venue à un critique profane.

(1) Mélanges : *A qui appartiennent nos gloires :* article de M. Veuillot.

Comparer le théâtre et la chaire ! Quelle pratique libertine !

Enfin, puisque M. Louis Veuillot, bon guide en pareilles matières, prend ces libertés, nous l'imiterons. Nous allons le suivre pas à pas, chapitre par chapitre, argument par argument, passant tour à tour de la scène à l'église.

Nous ne nous dissimulons pas que nous venons ainsi chercher des coups, et l'on sait ce que sont les coups de M. Louis Veuillot.

Mais quand un homme de cœur entend dire du mal de son meilleur ami, il ne considère point, avant de répliquer vertement, si le médisant tire plus ou moins bien l'épée ou le pistolet ; il fait ce qu'il doit, advienne ce que pourra !

Or on attaque Molière ; on l'injurie ; on conteste sa gloire ; on l'appelle FLATTEUR, MENTEUR, CORRUPTEUR : je viens le défendre, car je l'admire ; car depuis vingt ans, je l'ai lu, relu, étudié, commenté ; car j'ai la prétention — unique et bien modeste — de ne pas seulement le *flairer*, comme dit M. Veuillot, mais encore de savoir le *goûter*; car enfin je l'aime de l'amour ardent, passionné, reconnaissant, qu'on a pour le compagnon fidèle qui, sachant être tour à tour gai, sérieux, spirituel, tendre, éloquent, transforme la solitude en enchantement, dissipe la tristesse, adoucit le chagrin, et donne à l'âme l'ineffable jouissance, à l'esprit le salutaire enseignement du vrai, du bien et du beau.

I

VIE DE MOLIÈRE

Quel homme que Molière ! Quelle âme
grande et pure !
Oui, c'est là le vrai mot qu'on doit dire
de lui : c'était une âme pure.

(GŒTHE.)

Si l'on avait demandé la canonisation de Molière, nous comprendrions la vivacité du réquisitoire prononcé par M. Louis Veuillot contre l'auteur de *Tartuffe*. Mais je ne sache pas que, même les plus chauds partisans du *Contemplateur* aient eu l'espoir ou le désir de réclamer à Rome, pour Poquelin, une béatification que l'adversaire ordinaire de M. Veuillot, Mgr Dupanloup, n'a pu encore obtenir pour la Pucelle d'Orléans.

Alors, à quoi bon cette dénonciation, cette exécution de la mémoire de Molière?

Certes il est permis de regretter que les hommes de génie ne soient pas, en même temps, des modèles de vertu ; mais, quand il s'agit d'écrivains profanes, leurs œuvres importent plus, au point de vue moral, que leur vie. Les détails sur leur existence intéressent, à coup sûr, les esprits curieux, mais on se console encore assez aisément d'ignorer qui est Homère, alors qu'on peut admirer l'*Iliade*.

D'ailleurs, si l'on se montrait aussi implacable pour les écrivains, quelle triste besogne il y aurait à faire, et combien M. Veuillot aurait à souffrir dans ses affections les plus justifiées ! Ne vaut-il pas mieux relire *Athalie* ou *Esther*, que soumettre à un examen minutieux la vie privée de Racine?

On peut se plaire à la lecture des fables de La Fontaine, et ne pas trouver que ce poète est le meilleur des pères et le plus chaste des époux.

Pour les célébrités prises dans le sacerdoce, nous réservons notre appréciation.

Ces querelles de personnalités m'ont toujours paru misérables dans le domaine littéraire.

Encore une fois, la biographie est nourriture de délicats : Sainte-Beuve en a fait un élément

précieux d'analyse, mais jamais une arme per-
fide contre le génie.

M. Louis Veuillot, qui n'a jamais caché son
faible pour le libre-penseur Sainte-Beuve, n'a
cependant point pratiqué la méthode de l'illustre
critique. Tout ce qu'il a pu ramasser contre l'auteur de *Tartuffe*, même chez les comédiens ou
les confrères rivaux ou envieux de Molière, il l'a
servi à ses lecteurs, en accommodant ces restes
à la sauce pimentée, qu'excelle à composer le
rédacteur en chef de l'*Univers*.

Édifions les personnes de bonne foi sur la valeur de tant d'accusations ! Il suffira de la pointe
d'une mauvaise plume pour crever ces ballons
gonflés par le souffle de la calomnie.

Le premier grief de M. Louis Veuillot contre
le jeune Poquelin est que celui-ci « planta là ses
études, sa famille, et s'enrôla dans une troupe
d'histrions. »

Nous ferons observer à M. Louis Veuillot que
tout le monde n'a pas la rare fortune d'être,
comme Bossuet, pourvu, dès *treize ans*, d'un
canonicat, et de voir ainsi — aux dépens d'autrui
— s'ouvrir devant soi une carrière lucrative toute
tracée.

Et puis, Bourdaloue aussi s'enfuit de la maison

paternelle pour entrer dans les ordres, et, si le but est différent, l'infraction aux commandements de Dieu, qui ordonne l'obéissance filiale, est la même.

Quant à la profession de Molière, on reconnaîtra qu'elle est assez en rapport avec la nature de ses œuvres, et je m'étonnerais bien plus de voir le jeune Poquelin se faire tonsurer, afin d'écrire plus tard *Tartuffe*, que de le voir prendre place, à vingt-trois ans, dans la troupe des comédiens bourgeois connue sous le nom d'*Illustre Théâtre*.

Ils sont rares, ceux qui, comme Bibbiena et Richelieu, peuvent, tout en taquinant la muse dramatique, revêtir la pourpre romaine, et jouir des bénéfices y attachés.

Le second crime de Molière est d'avoir pris pour maîtresse celle que M. Veuillot appelle une *dessalée* de vingt-sept ans, Madeleine Béjart.

Pour ceux qui ont lu les *Confessions de saint Augustin* et *Rome et Lorette* de M. Louis Veuillot, cette faute sera excusable.

A la vérité Molière n'a pas écrit de *Confessions*, ni de récits de conversion, mais enfin l'aveu n'efface pas le péché, et *Scapin* se trouve, de Paris jusqu'à Rome inclusivement, en assez bonne compagnie de pécheurs, qui figurent sur le trône comme sur la scène !

D'ailleurs, l'auteur de *Tartuffe* pourrait, de sa tombe, répondre à M. Veuillot, comme Alexandre Dumas fils répondit à M. Cuvillier-Fleury. S'adressant à l'auteur de la *Femme de Claude*, M. Cuvillier-Fleury lui demandait compte « de sa folle jeunesse. »

Ce à quoi Alexandre Dumas fils (de l'*Académie française*) répliqua (1) :

« Certes, je ne vécus pas comme un saint, à moins que nous ne prenions comme comparaison la *première manière* de saint Augustin, lequel, lorsque saint Ambroise le convertit à Dieu, habitait avec une concubine qu'il congédia en gardant auprès de lui le fils (2) qu'il avait eu d'elle, au lieu d'épouser la mère et de légitimer l'enfant, ce qui eût été cependant plus conforme à la morale et à l'Église. Car il ne faut pas oublier que saint Augustin n'était, à cette époque, que simple docteur, ce qui ne le dispensait pas — disons-le en passant — de ses devoirs d'époux et de père chrétien, si nouveau chrétien qu'il fût ! »

Merci, monsieur Dumas !

(1) Préface de la *Femme de Claude*.

(2) Ce fils fut obligé de se contenter du simple nom de *Deodatus*. Déodat ! On sent comme un parfum du *Fils de Giboyer*.

Autre manquement : Molière dans ses tournées en province, compose « des farces. »

Que diable M. Louis Veuillot voulait-il que Molière composât pour sa troupe et pour le public ? Des homélies ?

Plus tard, quand Molière donna ses grandes comédies, les Veuillot de l'époque lui reprochèrent « de profaner la morale en la mettant en scène », . et il répondait : « Pourquoi ne me serait-il pas permis de faire des sermons, tandis qu'on permet au père Maimbourg de faire des farces ? »

Ces farces sont grossières, ajoute M. Veuillot.

Donneau de Vizé dépose d'autre façon devant la postérité : « Molière fit des farces qui réussirent un peu plus que des farces et qui furent un peu plus estimées dans toutes les villes que celles que les autres comédiens jouaient. »

Ainsi, le *farceur* commençait déjà l'œuvre d'amélioration du théâtre français ; il haussait le ton de la bouffonnerie jusqu'à celui de la comédie.

De plus, il faisait là un apprentissage utile : il ébauchait ces admirables farces auxquelles — c'est une tournure particulière d'esprit — je préfère ses œuvres plus sérieuses, mais qui, cependant, sont au regard de beaucoup d'excellents juges, le plus incontestable titre de gloire de

Molière. Diderot a écrit : « Il n'y a pas beaucoup plus d'hommes capables de faire *Pourceaugnac* que *le Misanthrope*.

Il est vrai que pour M. Veuillot *le Misanthrope* et *Pourceaugnac* ne valent pas mieux l'un que l'autre : donc passons !

Arrivant assez brusquement à l'époque où Molière est en faveur près du Roi, M. Veuillot reproche à Molière cette faveur même. Il le gourmande d'une singulière façon de n'avoir pas été victime de Sa Majesté Louis XIV. Eh quoi ! vous n'avez pas été emprisonné, brûlé quelque peu ! En ce cas, « vous n'êtes point pour être de nos gens ! » Quelle estime voulez-vous que M. Veuillot professe pour un poète comique dont le Roi s'est fait le collaborateur et non le censeur ? Comment ! le Parlement, l'archevêque de Paris interdisent *Tartuffe*, et la primeur de cette œuvre diabolique est réclamée par Louis de Bourbon ! Voilà ce que M. Louis Veuillot ne peut digérer.

Aussi le ressentiment implacable des marquis ridicules et de certains hauts seigneurs — le duc de la Feuillade par exemple —, la jalousie haineuse des concurrents humiliés, la persécution des gens d'Église, rien de cela ne compte pour M. Veuillot, dans l'appréciation du poids des épreuves que Molière eut à endurer.

Comme s'il vivait au XVIIe siècle, M. Veuillot n'attache son regard que sur le souverain. Le Roi-Soleil entoure *Scapin* de son auréole ; voilà un fripon qui a le bonheur parfait.

Toutefois, ce bonheur est, suivant M. Veuillot, acheté à un prix bien lourd à payer.

Ce sont ses flagorneries qui valent au *bouffon* cette protection particulière, étonnante.

Nous prouverons que la cause de la faveur royale est toute différente.

Il est impossible cependant de nier que Molière flatta, plus que de raison, l'amour-propre de Louis. Telle est la pratique à peu près générale au XVIIe siècle. C'était le ton de l'époque : le diapason adopté par tous ceux qui élevaient la voix dans ce concert d'hommages au Maître.

Mon cœur saigne d'être obligé par M. Veuillot, pour obtenir les circonstances atténuantes en faveur de Molière, d'appeler comme témoins à décharge les grands hommes dont je voudrais oublier les faiblesses ; mais, hélas ! répondez tous, écrivains illustres du siècle de Louis XIV, même toi, mâle et éloquent interprète des vieux Romains, venez, et que celui de vous qui n'a pas agi comme Molière lui jette la première pierre !

En tous cas, celui-là ne serait pas Bossuet, dont M. de Tréville disait : « Il n'a point d'os », voulant ainsi marquer la flexibilité des membres du prélat en présence des puissants du monde.

Mais — prétend M. Veuillot — Molière avait encore d'autres moyens de capter le Roi : il servait et glorifiait ses vices.

Pour prouver cette allégation, l'accusateur renvoie ses lecteurs au chapitre de *Tartuffe*. Nous serons — on y peut compter — au rendez-vous, prêt à repousser l'attaque différée.

Ah ! c'est que M. Louis Veuillot a hâte de pousser la botte la plus pernicieuse contre le poète comique, de donner le coup de Jarnac, avant de terminer le résumé trop incomplet de cette existence dans laquelle toutes les bonnes actions ont été omises à dessein.

Il s'agit du mariage de Molière.

On sait que Molière a été soupçonné d'avoir épousé sa propre fille.

M. Veuillot n'accepte ni ne repousse cette allégation dont la science des historiens littéraires a cependant fait bonne justice.

Il n'est point fâché de laisser quelque doute dans l'esprit de ses lecteurs sur cette atroce invention. Il est plus circonspect, moins généreux que Louis XIV lui même, qui, pour répliquer à la dénonciation de Montfleury, tint, avec la duchesse d'Orléans, sur les fonts de baptême, l'enfant prétendu incestueux !

Tout ce que M. Louis Veuillot consent à accorder, c'est de reproduire les hypothèses, non perfides, mais inconsidérées, qu'a imaginées un biographe de Molière, M. Bazin, dont les *Notes* ont paru bien avant la découverte de documents décisifs faite en 1863, notamment le contrat de mariage de Molière.

Cette découverte a beau modifier les conjectures, dissiper certains soupçons, atténuer la culpabilité, il n'importe à M. Veuillot, qui, trouvant un auxiliaire dans « l'ami Bazin » s'en tient à « l'ami Bazin » et ne bouge point de la position prise par la critique en 1847 et 1848.

A quoi bon lire les travaux qui se sont succédé depuis trente ans ?

Il y a les monographies d'Edouard Fournier, ce bénédictin si ingénieux ; il y a les *Recherches* d'Eudore Soulié ; il y a Moland si complet ; Despois si malheureusement arrêté dans ses études par la mort ; il y a M. Jules Loiseleur, qui, cette année même, a éclairé *les points obscurs de la vie de Molière* ; tout cela n'existe pas pour M. Veuillot. Au delà de 1848, en dehors de « l'ami Bazin », il n'y a rien. C'est le mode d'enquête minutieuse adopté par l'accusateur de Molière.

Et alors M. Veuillot semble faire Molière complice de toutes les falsifications introduites dans les actes de l'état civil au sujet d'Armande Grésinde Béjart.

La discussion de cette triste affaire nous entraînerait trop loin : ceux qui seraient curieux d'en connaître tous les détails n'auront qu'à recourir à l'ouvrage de M. Loiseleur (1).

Ce qui ressort de ce rapport honnête, impartial, complet, est déjà bien assez regrettable. Il est acquis que Molière épousa la fille d'une femme qui avait été sa maîtresse. La conscience se révolte contre de telles unions ; mais est-il bien habile à un écrivain catholique d'insister sur cette faute de Molière, alors qu'on pourrait, en justes représailles, montrer à M. Veuillot le clergé catholique bénissant, à la même époque, les enfants doublement adultérins de Louis XIV et de la marquise de Montespan, sanctifiant, par le sacrement, l'introduction de ces bâtards dans la famille royale à l'aide de mariages scandaleux, et ne protestant pas contre l'admission de ces intrus à la succession du trône de saint Louis ?

Je me trompais en disant que l'articulation d'inceste était la dernière du premier chapitre.

(1) Paris. Liseux, éditeur. Pages 223 à 274.

M. Veuillot trouve — comme Boileau du reste — extraordinaire que Molière ait mis *son honneur* à ne pas renoncer à son métier d'acteur.

Louis Racine, le dévot, auteur de *la Religion,* sera peut-être pour M. Veuillot un répondant autorisé de la noblesse des sentiments de Molière à cet égard. Il écrit : « Ce point d'honneur consistait à ne pas abandonner plus de cent personnes que les travaux de Molière faisaient vivre, et qui seraient tombées dans la misère s'il eût quitté le théâtre. »

La vie de Molière est pleine de ces traits si touchants qui prouvent la bonté, le dévouement et la charité... *chrétienne* du *bouffon*. Il accueillait avec grâce ses anciens camarades malheureux et les secourait; il protégeait les jeunes gens, témoins Baron et Racine, deux ingrats; ses serviteurs l'adoraient; son caractère était doux, sa complaisance infatigable.

Tant de qualités lui attirèrent l'affection des plus grands personnages : le maréchal de Vivonne vécut avec lui, dit Voltaire, comme Lélius avec Térence.

Le grand Condé, l'ami de Bossuet, faisait souvent mander Molière, et, quand celui-ci venait, il quittait tout, congédiait tout le monde, pour s'entretenir avec lui.

Taschereau raconte, d'après Grimarest, que la mort de Molière affecta profondément Condé, qui eut même, à ce propos, une boutade aussi brutale que peu catholique. Comme un abbé lui présentait une épitaphe pour le poète : « Ah ! s'écria le prince, que n'est-il en état de faire la vôtre ! »

Ainsi, le vainqueur de Rocroy, l'intelligent châtelain de Chantilly, savait confondre dans une égale et même affection l'évêque et le comédien.

Aux apôtres du Christ on serait en droit de demander, sinon autant de sympathie, du moins quelque tolérance, et surtout la suprême pitié.

Ils ne pardonnèrent même pas à Molière mort.

On sait — ces faits sont connus — qu'il fallut encore l'intervention clandestine du Roi pour lever l'interdiction de l'archevêque de Paris, qui s'opposait à ce que le corps de Molière fût inhumé religieusement. Mgr Harlay de Champvallon — un *pur* celui-là ! — voulut imposer pour le cadavre de l'histrion ce que les orthodoxes appellent de nos jours « l'enfouissement ». Le tout-puissant Louis XIV ne put même obtenir que la dépouille mortelle fût présentée à l'Église : on alla droit au cimetière, en silence, sans que les psaumes

d'usage fussent chantés, avec deux ecclésiastiques pour toute escorte religieuse.

Dans ce drame — ou cette comédie — de la
mort, Tartuffe avait pris sa revanche, et l'avait,
cette fois, emporté sur le Prince.

Toutefois, il y a une lueur d'amour, de pitié,
dans cette agonie :

Deux braves sœurs des pauvres, que cet infâme Scapin-Molière logeait par charité quand
elles venaient quêter à Paris, lui avaient fermé
les yeux et avaient prié sur son cercueil. Elles
étaient simples de cœur, les chères femmes !
Elles ne s'étaient point occupées du *Tartuffe* ! Elles
se contentaient de lire l'Évangile et d'en appliquer les préceptes.

Nous donnons à leur mémoire un respectueux
et fraternel souvenir.

II

LA COMÉDIE

Qui aurait cru que M. Veuillot écrirait, en l'an de grâce 1877, trente-cinq pages pour démontrer que la comédie est œuvre de démon !

A qui cela enlèvera-t-il le goût du théâtre ?

On ne supprimera pas plus les spectacles, qu'on n'arrêtera les caprices de la mode.

Le pli est pris..

La comédie a pour elle le consentement unanime des peuples dits civilisés, la durée, car le théâtre compte quelques années de possession — d'Aristophane à M. Sardou —, et quelques droits acquis ; elle a enfin la tolérance de l'Église, même parfois sa complicité.

C'est pourquoi, franchement, de la part d'un journaliste si parisien, il y a quelque naïveté à reprendre une thèse aussi *vieillotte*.

Il est vrai que M. Louis Veuillot cède la plupart du temps, sur ce chapitre, la parole à Bossuet.

Il a raison : contre le théâtre il n'y a qu'un nombre limité d'objections, et tous ceux qui recommencent cette petite guerre bien inoffensive sont obligés de reproduire les mêmes arguments ; le fond est identique ; la forme seule pourrait varier, et M. Veuillot a trop d'esprit, trop d'humilité, pour vouloir trouver mieux que ce qu'a trouvé Bossuet.

Même, malgré son choix assez joli de qualificatifs virulents, le rédacteur en chef de *l'Univers* aurait peine à surpasser Nicole, qui appelait les *faiseurs de romans* et les poètes de théâtre des *empoisonneurs publics,* des *gens horribles parmi les chrétiens.*

Au surplus, l'occasion est excellente pour donner un aperçu de ces fameuses *Maximes et Réflexions sur la Comédie* auxquelles on fait souvent allusion, que bien peu de gens connaissent et qui n'auraient certes pas suffi pour placer Bossuet au rang qu'il a conquis dans la littérature française.

L'aventure qui mit la plume à la main de Bossuet est presque du domaine de la comédie. Un professeur estimé de philosophie et de théologie, le P. Caffaro, avait, dans une dissertation en forme, prétendu prouver que l'on peut innocemment composer, lire, voir représenter des comédies.

Jugez du scandale ! Le théâtre défendu par un théologien qui, comme tout auteur se respectant, citait, à l'appui de ses propositions, saint Thomas et saint Antonin !

Satan, venant en personne discuter en pleine Sorbonne sur le péché originel, n'aurait pas produit un effet plus diabolique. Le père fut invité — on sait ce qu'en pareil cas est l'*invite* — à se rétracter. « Le bonhomme » s'exécuta de la façon la plus piteuse qui se puisse imaginer.

Sauf le respect dû à la mémoire de l'honnête P. Caffaro, on songe involontairement à Scapin, confessant ses fourberies sous le bâton de son maître.

« Ne pouvant aller à la comédie — écrit-il — je m'étais trop fié aux gens qui m'avaient assuré qu'on les faisait en France, avec toute sorte de modération, et je m'abandonnais trop à des conjectures que je trouve présentement être fausses. »

Ce désaveu, que Bossuet qualifie « d'humble et de solennel », ne désavouait pas l'important; car ce qu'il fallait, c'était répudier non telle ou telle sorte de comédies, mais *la comédie* en général.

Le grand prélat, le grand orateur ne jugea point la chose de trop peu d'importance pour prendre la parole, et, « poussé par des personnes de piété et de cœur, *en charge dans l'Eglise, il laissa partir* un écrit sur la comédie. »

Si l'on ne savait quel est auteur de cette dissertation, et si l'on supprimait quelques actualités qui marquent la date, il serait impossible de deviner qu'elle a été composée, à trois années de distance de la représentation *d'Athalie,* par un prêtre fort au courant des mœurs de la cour et du siècle. C'est une consultation qui semble rédigée par un moine plongé dans l'ascétisme et fort ignorant du monde et des hommes !

Je ne blâme pas Bossuet d'avoir ainsi traité son

sujet. A mon sens, l'Église s'est trop relâchée des principes.

De même qu'elle dit : « Hors de mon sein, point de salut », elle devrait dire également : « Hors de mes règles, point de salut. » A force de tempérament et de faiblesses, on en arrive à faire croire que la formule de Tartuffe est juste : « Il est avec le ciel des accommodements. »

Donc Bossuet est dans la vraie doctrine catholique, quand il demande que, pour tout divertissement, les chrétiens n'aient « que la parole de Jésus-Christ se faisant entendre dans le cœur. »

« C'est de là — écrit-il — que naît dans les âmes pieuses, par la consolation du Saint-Esprit, l'effusion d'une joie divine ; un plaisir sublime, que le monde ne peut entendre, par le mépris de celui qui flatte les sens. Nul récit, nulle musique, nul chant ne tient devant ce plaisir : s'il faut, pour nous émouvoir, des spectacles, du sang répandu, de l'amour, que peut-on voir de plus beau et de plus touchant que la mort sanglante de Jésus-Christ et de ses martyrs ; que ses conquêtes par toute la terre et le règne de sa vérité dans les cœurs ; que les flèches dont il les perce ; et que les chastes soupirs de son Église et des âmes qu'il a gagnées, et qui courent après ses parfums ? »

« Il ne faudrait donc que goûter ces douceurs célestes et cette manne cachée, pour fermer à jamais le théâtre, et faire dire à toute âme vraiment chrétienne : Les *pécheurs*, ceux qui aiment le monde, *me racontent des fables,* des mensonges et des inventions de leur esprit ; ou comme disent les *Septante :* « Ils me racontent, ils me proposent des plaisirs ; mais il n'y a rien là qui ressemble à votre loi : elle seule remplit les cœurs d'une joie qui, fondée sur la vérité, dure toujours ».

Et comme fin :

« Dieu renvoie les rois à sa loi, pour y apprendre leurs devoirs : « Qu'ils la lisent tous les jours de leur vie ; qu'ils la méditent nuit et jour comme un David ; qu'ils s'endorment entre ses bras, et qu'ils s'entretiennent avec elle en s'éveillant comme un Salomon » ; pour les instructions du théâtre, la touche en est trop légère, et il n'y a rien de moins sérieux, puisque l'homme y fait à la fois un jeu de ses vices, et un amusement de la vertu. »

En apprenant l'Histoire, j'ai ouï dire que David employait ses nuits à autre chose qu'à méditer la loi de Dieu, et que Salomon dormait dans d'autres bras que ceux de ladite loi ; mais ce sont des chicanes à dédaigner, et nous reconnaissons sans peine que Bossuet a parlé tout à fait en prêtre, en saint homme. On reconnaît à cet exclusivisme le rigide directeur qui déclarait *Télémaque* un roman indigne, non-seulement d'un évêque, mais d'un prêtre et d'un chrétien.

A pareil langage, qu'y a-t-il, je le demande, à répliquer? C'est à prendre... ou à laisser.

Cependant, accomplissant sa mission, Bossuet développe *in extenso* des *réflexions* tendant à démontrer, par exemple :

1° Que les mariages des théâtres sont sensuels et paraissent scandaleux aux vrais chrétiens ;

2° Qu'il faut craindre, en assistant aux comédies, non-seulement le mal qu'on y fait, mais encore le scandale qu'on y donne ;

3° Que les canons de l'Église défendant les spectacles aux ecclésiastiques, s'appliquent à *tous* les catholiques ;

4° Que saint Thomas n'est pas partisan des spectacles non plus que saint Ambroise, saint Jérôme, saint Basile, et plusieurs autres saints ;

5° Que l'on trouve toujours unis ces quatre mots : *ludicra, jocularia, turpia, obscœna*, c'est-à-dire « les discours plaisans, les discours bouffons, les discours malhonnètes, les discours sales » ;

6° Que la concupiscence est répandue par la comédie dans tous les sens.

Molière a résumé la question en une seule phrase, et il me semble avoir, sans être grand docteur en théologie, dit en quelques mots très-clairs tout ce qu'il fallait dire (1) :

« J'avoue qu'il y a des lieux qu'il vaut mieux fréquenter que le théâtre; et, si l'on veut blâmer toutes les choses qui ne regardent pas directement Dieu et notre salut, il est certain que la comédie en doit être, et je ne trouve point mauvais qu'elle soit condamnée avec le reste. »

Voilà qui est parlé en homme plein de logique, et, continuant en homme sage, Molière ajoute :

« Je doute qu'une si grande perfection soit dans les forces de la nature humaine, et je ne sais s'il n'est pas mieux de travailler à rectifier et adoucir les passions des hommes que de vouloir les retrancher entièrement. »

De quoi l'on pourrait rapprocher les conseils de Philinte :

> Cette grande roideur des vertus des vieux âges
> Heurte trop notre siècle et les communs usages,
> Elle veut aux mortels trop de perfection.

(1) Préface de *Tartuffe*

Du théologien ou du philosophe, qui est dans la vérité pratique, dans la mesure du raisonnable?

Pourtant, encore un coup, Bossuet était dans son rôle, — chacun en a un à jouer ici bas — en exhortant les chrétiens à rejeter *tout ce qui ne regarde pas directement Dieu et le salut.*

Seulement, si l'on veut abolir toutes les inutilités mondaines, il serait bon que Messieurs les ecclésiastiques commençassent!

Après avoir, avec l'autorité de Bossuet, anathématisé les spectacles, M. Louis Veuillot cherche à enlever aux purificateurs du théâtre l'illusion qu'ils nourrissent d'en faire une chaire de morale.

Il y a longtemps que M. Veuillot a commencé cette entreprise, et le pauvre Ponsard — dont le sort m'attend — n'est pas sorti sans lésions graves d'une rencontre polémique sur ce terrain, en 1852.

Alexandre Dumas fils, pour lequel, si je ne m'abuse, M. Veuillot professe la sympathie due à un homme d'un aussi grand talent, trouvera-t-il grâce devant le pourfendeur des Augier et des Ponsard?

Voici ce que, dans sa préface du *Fils naturel,* M. Dumas écrit :

« Un art qui, pour nous en tenir à la France, a produit *Polyeucte*, *Athalie*, *Tartuffe* et le *Mariage de Figaro*, est un art civilisateur au premier chef, dont la portée est incalculable, quand il a pour base la vérité, pour but la morale, pour auditoire le monde entier ; et c'est le monde entier qui nous écoute aujourd'hui. »

Et plus loin :

« Le théâtre n'est pas le but, ce n'est que le moyen. L'homme moral est déterminé, l'homme social est à faire. L'œuvre qui ferait, pour le bien, ce que *Tartuffe* a fait contre le mal, à talent égal, serait supérieure à *Tartuffe*. Par la comédie, par la tragédie, par le drame, *par la bouffonnerie*, dans la forme qui nous conviendra le mieux, inaugurons donc le *Théâtre utile*. »

Utile ! Le même mot d'ordre avait été donné par Victor Hugo dans l'admirable livre qu'il a consacré à William Shakspeare :

« Ah ! esprits ! *soyez utiles !* servez à quelque chose. Ne faites pas les dégoûtés quand il s'agit d'être efficaces et bons. L'art pour l'art peut être beau, mais l'art pour le progrès est plus beau encore. »

« Être utile, ce n'est qu'être utile ; être beau, ce n'est qu'être beau ; être utile et beau, c'est être sublime. C'est ce que sont saint Paul au premier siècle, Tacite et Juvénal au deuxième, Dante au treizième, Shakspeare au seizième, Milton et Molière au dix-septième (1). »

Tous les penseurs cherchent à maintenir ou à ramener le théâtre dans cette voie de la moralisation.

M. Émile· de Girardin, dans la préface du *Supplice d'une femme*, s'écrie : « Ne serait-il pas temps de mettre le public en face de lui-même et de l'obliger de se regarder et de se scruter ? »

George Sand, dont M. Veuillot juge trop rigoureusement un drame philosophique sur Molière, George Sand ne conçoit le théâtre que comme moyen d'éducation populaire et non comme un *divertissement*.

« Le théâtre, qui fut inventé pour résumer les manifestations de tous les arts sous toutes les formes, et qui a le privilége de rassembler des masses appelées à partager les mêmes émotions, est l'expression la plus complète et la plus saisissante du rêve de la vie, si essentiel apparemment à l'équilibre de la vie réelle. »

(1) *William Shakspeare*, livre VI (Paris, 1864, Librairie internationale).

« Voilà pourquoi, mon cher Régnier (1), votre profession et la mienne sont sérieuses pour nous, quelque légères qu'elles paraissent. Du moment que nous regarderons le théâtre comme un enseignement dont les esprits élevés doivent profiter, en s'amusant sainement à des situations vraies, ou en partageant des émotion généreuses, rien ne sera trop beau, ni trop bon pour ce sanctuaire de l'idéal. »

L'auteur des *Effrontés* et du *Fils de Giboyer*, analyse ainsi l'action morale du théâtre :

« Vous souvenez-vous des belles expériences de M. Flourens sur la vie des os ? Il a démontré qu'ils se renouvelaient incessamment en les soumettant à l'action d'une alimentation colorante. Ne pourrait-on pas appeler la littérature l'alimentation colorante de l'esprit public ? Et la partie la plus active sinon la plus nutritive de la littérature, n'est-ce pas le théâtre ? Les ennemis de l'émancipation intellectuelle lui ont déclaré une guerre spéciale, et je ne veux pas d'autre preuve de son efficacité. »

« Singulière contradiction que j'observe chez

(1) Sociétaire retiré de la *Comédie Française* et *Chevalier de la Légion d'honneur*.

la plupart de ceux qui parlent de la comédie ! Ils lui concèdent pleinement la puissance de faire le mal ; ils lui refusent celle de faire le bien. Il faudrait choisir cependant et les lui reconnaître ou les lui dénier toutes deux. Ses adversaires disent qu'elle n'a jamais corrigé personne ; soit, mais pour être logiques et justes, ils devraient ajouter qu'elle n'a jamais perverti personne non plus ; auquel cas elle serait simplement un jeu innocent, un divertissement puéril. »

Et M. Vacquerie (1) :

« C'est là l'œuvre immense des représentations théâtrales de nous arracher à nos affaires, à nos soucis, à notre maladie, à notre bourse et à notre peau, et de nous remuer jusqu'au fond des entrailles pour des misères qui ne sont pas les nôtres. Générosité de l'homme, magnanime abandon de soi-même, sacrifice des joies et des douleurs égoïstes, dévouement de la pensée, effusion d'une foule dans autrui, tels sont les vrais noms du théâtre.

« Le drame, c'est l'idée en action.

« Quand le poète dramatique veut enseigner une vérité ; il ne fait pas comme le philosophe,

____

(1) *Profils et Grimaces*, Paris, Pagnerre.

il ne la dit pas, il ne l'insinue pas phrase à phrase, il ne la persuade pas laborieusement et froidement, il ne la démontre pas, — il la montre.

« Il la fait action, il la fait homme ou femme, il la jette, palpitante, devant la foule ; il la fait marcher, chanter, crier, rire, pleurer, se tordre les bras, sur une scène rayonnante.

« Le drame, c'est la philosophie vivante et saignante. La scène est la butte glorieuse et douloureuse où viennent, en chair et en os, pousser le cri suprême et achever leur passion toutes les vérités que doit diviniser l'avenir.

« Le théâtre, c'est le Golgotha de l'idée.

« Faire des hommes ! œuvre inouïe. Avoir, comme Dieu, ses créatures ; ajouter ses visions aux histoires ; faire coudoyer les grands hommes par ses imaginations ; dire à Sésostris et à Charlemagne : Faites de la place à Hamlet ; rangez-vous, voici Ruy-Blas !

« L'idée ayant un corps, tous la voient.

« Descartes est forcé de trier ses élèves, il ne s'adresse qu'à un petit nombre, n'admet que des esprits préparés par de longues études, et les prend un à un ; Molière accepte tout le monde, tous lui sont bons ; il ramasse pêle-mêle l'ignorant et le savant, le portefaix et le porte-flambeau ;

il prend son public à même le peuple, il fait ruisseler la rue dans la salle.

« De là, une force énorme au service de la civilisation. De là, une propagande deux fois toute-puissante : universelle, puisqu'elle ne demande pas même qu'on sache lire ; irrésistible, puisqu'elle saisit l'homme par l'émotion.

« Platon discute avec les individus ; Eschyle passionne les masses.

« Le poète est dans le drame comme Dieu dans la création. »

Mais, tous ces *Josse* du théâtre et, avec eux tous les critiques les moins suspects de libre-pensée, auront beau dire, M. Veuillot n'en persévérera pas moins à penser qu'il n'y a que les crédules et les sceptiques qui s'évertuent à démontrer l'utilité morale du théâtre. Il se cramponnera donc de plus en plus à la doctrine de Bossuet, et ne démordra pas du programme de l'évêque de Meaux : excommunication des comédiens, suppression des spectacles.

M. Veuillot n'a-t-il pas réclamé cette dernière mesure en 1852, et demandé « qu'une main APPLAUDIE traitât la scène avec la même justice que la presse » ?

Le journaliste et le prédicateur sont dans la logique de leur foi.

Cependant, ce qu'ils ne pourront effacer de l'histoire, c'est ce fait piquant et d'une opposition comique avec l'attitude de Bossuet et de M. Veuillot : saint Chrysostôme voulait toujours avoir sous son chevet les comédies d'Aristophane !

III

LA CHAIRE

Melius est ut scandalum oriatur quam ut veritas relinquatur.

Mieux vaut faire éclater le scandale que trahir la vérité.

SAINT GRÉGOIRE.

A la chaire de la morale comique, M. Louis Veuillot oppose la chaire de la morale évangélique.

Le parallèle est-il de bonne guerre?

Pour combattre Molière — car n'oubliez pas que la glorification de la chaire chrétienne et de ses plus éloquents interprètes, comme Bourdaloue, n'a point ici d'autre raison ni d'autre but —, M. Louis

Veuillot emploie des raisonnemens qui rappellent singulièrement celui que M. Prudhomme tenait au sujet de Napoléon Ier : « Si Bonaparte n'avait pas eu d'ambition et qu'il fût resté capitaine d'artillerie, il ne serait pas mort en exil sur le rocher de Sainte-Hélène... »

Le rédacteur en chef de l'*Univers* ne se borne pas, en effet, à prouver que Molière est un méchant écrivain et un corrupteur, il lui reproche d'avoir été comédien et auteur dramatique. Il est évident que si Molière n'avait pas composé et joué des comédies, et qu'il eût prêché des sermons, il ne serait pas un objet de scandale pour les vrais chrétiens.

Mais il faut prendre la dialectique de M. Louis Veuillot telle qu'elle est, et contempler avec lui la chaire catholique dans notre pays.

Quand on a dans son camp les Bossuet, les Bourdaloue, les Fléchier, les Massillon, on semble inexpugnable.

Et pourtant, il y a quelques ripostes à opposer au ferrailleur de la sainte cause.

L'art dramatique est, de l'aveu de tous ceux qui ont le sens de l'esthétique, le plus difficile de tous les arts. Pour conquérir le succès au théâtre, il est nécessaire de réunir tant d'éléments divers ! Il s'agit d'abord de trouver un

sujet qui soit de nature à intéresser le public ;
puis il le faut développer de telle façon que l'attention soit constamment captivée ; dessiner en
plein relief, mettre en pleine lumière des caractères vrais, des types curieux ; faire agir, vivre
des personnages intéressants ; ne jamais laisser
languir l'action ; soutenir sans relâche l'attrait du
dialogue ; être compris de tous, non par suite de
la réflexion, mais sur-le-champ, car l'instant où
l'acteur parle est déjà loin, quand les mots arri-
vent à l'oreille de l'auditeur, et l'un de ces mots,
perdu pour le spectateur entraîne souvent avec lui
le fil de l'intrigue. A l'habile choix du fond doit
s'ajouter la beauté de la forme. Des vers d'un
tour heureux pour des pensées saisissantes.

Pour interpréter l'œuvre, il faut des artistes
dont le jeu ne trahisse pas les intentions du
poète.

La mise en scène est aussi une importante
affaire.

Et le public !

Il se compose de gens de toutes castes, de
toutes conditions, d'intelligences diverses, ayant
acheté le droit de blâmer comme de louer, voulant s'amuser pour leur argent, plus ou moins
sympathiques à l'auteur, bien ou mal prévenus
en faveur de la pièce, plus ou moins dispos, sui-

vant leur digestion, l'esprit plus ou moins attentif et plus ou moins accommodant, suivant la place où ils se trouvent, leur voisinage et le caprice de leur imagination.

L'auteur dramatique a à lutter contre tant d'obstacles, à surmonter tant de difficultés, à conquérir tant d'adversaires, à remuer tant d'indifférents, à satisfaire tant d'exigences!

Énumérons en regard les adjuvants du prédicateur, et considérons la situation privilégiée que le sacerdoce lui crée.

L'orateur, dans la chaire, n'est pas un homme, c'est un prêtre; c'est le représentant de Dieu sur la terre, l'organe du Tout-Puissant. Ce qu'il apporte, ce n'est pas *sa parole*, c'est la parole de Dieu.

En réalité, le sujet qu'il traite échappe à la contradiction et sa personne à la critique. Il expose la controverse; mais la discussion, à proprement parler, ne saurait exister : son thème immuable est l'affirmation de la Trinité, des mystères et de l'Église.

Il ne propose pas, il impose.

Et quel vaste champ pour la pensée, quels horizons splendides pour l'imagination !

Le chaos, la création, les éblouissements de la

lumière, les merveilles de la nature, l'immensité
de la mer, la fécondité de la terre, les étonnements
de la génération, la diversité des races, la vie,
la mort, et l'au-delà, c'est-à-dire ou le néant ou
l'immortalité, avec les terreurs du jugement
dernier.

Dieu, la plante, la fleur, le fleuve, l'Océan,
l'animal, le ver aussi bien que le lion, l'homme
et la femme.

Et, comme sources inépuisables, l'Ancien et le
Nouveau Testament, c'est-à-dire l'histoire des
temps bibliques, des patriarches fameux et de
l'Homme-Dieu !

Comme cadre, le prédicateur a la vieille basi-
lique, aux voûtes profondes, élevées, sonores,
éclairées des rayons du soleil, colorées par les
vitraux, tout embaumées d'encens; il a l'église
modeste du hameau, image de la crèche, berceau
du Christ.

Au-dessous de lui, une foule impressionnée par
le milieu, recueillie, ou du moins respectueuse,
qu'il domine de toute la hauteur de son caractère
sacerdotal et de son autorité dogmatique. Simples d'esprits ou savants, grands ou petits,
tous figurent au même titre dans le sanctuaire.
Ce n'est pas un auditoire, c'est une famille; ce
ne sont pas des juges, ce sont des pénitents.

C'est un troupeau qui obéit au pasteur ; toutes les volontés abdiquent, tous les fronts se courbent. Le prédicateur commence par la prière et finit par la bénédiction. Il évoque Dieu et ouvre les portes de l'éternité devant les fidèles prosternés.

Avec de tels moyens, dans de telles conditions, armé d'une telle force, il faut être nul pour n'être pas supportable ; bien médiocre, pour n'être pas accepté ; le talent en est rehaussé ; pour le génie, il brille dans la chaire comme ailleurs, car c'est le propre du génie de s'affirmer dans quelque sphère qu'il se produise, mais il n'en est que plus éclatant encore.

A égalité de puissance intellectuelle, il y a entre un Bossuet et un Molière — mettons un Corneille, s'il vous plaît mieux — la différence des difficultés vaincues.

Quant aux résultats moraux obtenus par la chaire, doive M. Louis Veuillot bondir de colère à cette assertion, je n'hésite pas à déclarer que Corneille, Racine et Molière ont plus fait et font plus pour la moralisation que Bossuet, Bourdaloue et Massillon.

Qui lit aujourd'hui les sermons de ces orateurs sacrés ? Les séminaristes, nombre de prêtres —

pas tous — quelques lettrés (1), et *un* catholique sur *mille*... tout au plus.

Au lycée, on commente quelques oraisons funèbres, un ou deux sermons ; on débite quelques fragments oratoires, puis en voilà pour toute la vie. Les affaires, les soucis, l'irréligion, ne laissent plus le loisir ou la volonté de reprendre les recueils compactes de l'éloquence religieuse, qui reste ainsi peu féconde.

On relit incontestablement davantage les maîtres de la scène française ; on voit jouer souvent leurs œuvres ; on en entend parler fréquemment ; les commentaires qu'on en fait ont pour principal objet d'en dégager les enseignements les plus salutaires. Admettons même qu'on exagère ou travestisse les intentions de Molière, on a pu toutefois écrire de nombreux volumes à l'aide des réflexions philosophiques qui se dégagent de ses comédies (2).

Voilà pour la *morale* bien plus d'instituteurs laïques et profanes que *la religion* n'a de prédicants.

(1) Bourdaloue est aujourd'hui négligé même par les lettrés qui ont le mieux étudié les mœurs et la littérature du dix-septième siècle. (Feugère.)

(2) Un entre autres à signaler : la *Morale de Molière,* par M. Jeannel.

Et si M. Louis Veuillot était tenté d'abuser de l'éclat qu'a eu la chaire au XVIIe siècle, je lui demanderais si de nos jours l'auteur des *Idées de Mme Aubray* n'est pas un moraliste plus écouté que les orateurs du dernier Carême (1).

Il est de mauvaise foi, ou plutôt c'est se moquer du monde, de prétendre comme Voltaire que Molière a *corrigé* plus de défauts à la cour, lui seul, que tous les prédicateurs ensemble. Corriger ! on corrige peu, hélas !....... pas plus par la chaire religieuse que par la chaire satirique. Le nombre des conversions par les sermons est restreint ; M. Veuillot ne le niera pas.

Massillon, qui pourtant passe pour avoir fait des conversions soudaines, déclarait lui-même qu'il croyait peu « à ces miracles qui, dans un clin d'œil, changent la face des choses, qui plantent, qui arrachent, qui détruisent, qui édifient du premier coup. Abus ! mon cher auditeur, ajoutait-il, la conversion est d'ordinaire un miracle lent, tardif, le fruit des soucis, des troubles, des frayeurs et des inquiétudes amères. »

L'histoire n'est-elle pas là pour indiquer la

---

(1) L'exemple des conférences de Notre-Dame n'infirme point cette assertion. « C'est un exemple unique et un auditoire unique, » dit l'abbé Bautain.

arche de l'esprit religieux ? Quelle semence
vait jetée la parole des grands prédicateurs qui
it précédé Massillon ? Quelle récolte avaient-ils
éjà faite ? La duchesse d'Orléans, mère du Ré-
ent, le constate en juillet 1699 : « Rien n'est
us rare en France que la foi chrétienne. »
Le carnaval impie de la Régence suit les re-
aites prêchées par tous ces célèbres apôtres.
C'est en vain que Bossuet, à propos de Molière,
rappelé la parole terrifiante de Celui qui a dit:
Malheur à vous qui riez, car vous pleurerez ! »
es convives de Philippe d'Orléans ont répondu
cette menace par les gaietés de l'ivresse, par
s chansons d'amour, et l'avertissement du pro-
ète a été étouffé par les échos joyeux du Palais-
oyal.
Quel exemple donne ce Louis XV, dont le
etit Carême avait salué la royale enfance de
chastes promesses » et de vœux singulièrement
çus !
La chaire comique a plus d'efficace, et ce que
oltaire eût plus justement affirmé — lui, mieux
te personne, — c'est le bénéfice que la philoso-
ie tira de la prédication dramatique. Avec ses
agédies, mortes aujourd'hui, Voltaire a plus
nquis de lecteurs à l'Encyclopédie que tous les
êtres n'ont ramené d'enfants prodigues au pape

Benoît XIV, lequel, d'ailleurs, acceptait sans penser à mal l'ironique dédicace de *Mahomet*.

Mieux vaut le bien qu'on fait que celui qu'on *pourrait* faire.

Or, entre d'honnêtes mains, le théâtre est l'agent le plus puissant de moralisation. Les *Horaces* lutteraient contre les chansonnettes des cafés-concerts bien plus heureusement que la plus éloquente paraphrase des Saintes Ecritures sur le danger des divertissements profanes.

Je ne demande pas qu'on transforme les Églises en salles de spectacle, ni qu'on renverse les chaires pour planter à leur place des décors ; je supplie simplement qu'on ne lance pas la pioche contre la maison de Molière : c'est une école.

Le prêtre dans la chaire.

L'auteur dramatique, vraiment digne de ce titre, à la Comédie Française.

Tel est le parallèle qu'au point de vue général il est permis de faire entre la chaire et le théâtre. Par le particulier, il n'est point impossible de trouver quelques points aussi faibles dans la pratique du sermon que dans celle de la comédie.

M. Louis Veuillot l'a voulu : qu'il porte la peine et le péché de ces audacieuses assimilations.

J'ai dit que l'auditoire du prédicateur était recueilli.

Il le doit paraître tout au moins ; mais si l'on entre quelque peu dans les petits mystères mondains de la société qui fournit les habitués du prédicateur, on relèverait certains détails médiocrement édifiants. L'atmosphère qui entoure la chaire catholique n'est point pure de ces miasmes que les dévôts considèrent comme mortels dans les salles de théâtre ; j'entends : la curiosité, la mode, l'inattention, le scandale.

« Était-ce bien pour plaire à Dieu, écrit M. Feugère dans son Étude sur Bourdaloue (1), que les courtisans se pressaient dans la chapelle de Versailles, le visage tourné, non pas vers l'autel du Seigneur, mais vers la tribune du Roi ? Les courtisans de Louis XIV, réunis dans le sanctuaire de Dieu, semblaient adorer le roi de la terre et tournaient le dos au roi du ciel (2). Les jeudis et les dimanches, quand le prince devait assister au salut, les tribunes étaient « bordées de dames, » et, sous prétexte de lire dans leurs Heures, « elles avaient toutes de petites bougies devant elles pour les faire connaître et remarquer. » Mais « pres-

____

(1) Couronnée par l'Académie française et publiée chez Didier. 2e édition, 1875.

(2) Voyez La Bruyère, *De la Cour.* Voyez aussi les intéressantes conférences de M. Ch. Gidel, réunies en un volume sous ce titre : *Les Français du XVIIe siècle*, p. 215 sqq.

que aucune ne s'y trouvait, quand on savait de bonne heure qu'il n'y viendrait pas. » Louis XIV lui-même put bien s'en convaincre, le jour où, « toutes les dames placées et attendant le roi, » Brissac, major des gardes du corps, leur joua ce plaisant tour de paraître tout à coup à la tribune et de crier bien haut : « Gardes du roi, retirez-vous ; le roi ne viendra pas. » — Aussitôt, murmures tout bas entre les femmes ; les petites bougies s'éteignent, et les voilà toutes parties, excepté trois ou quatre. Là-dessus arrive le roi qui, bien étonné de ne point voir de dames remplir les tribunes, demanda par quelle aventure il n'y avait personne. Au sortir du salut, Brissac lui conta ce qu'il avait fait, non sans s'espacer sur la piété des dames de la cour. Le roi en rit beaucoup, et tout ce qui l'accompagnait. L'histoire s'en répandit incontinent après ; toutes ces femmes auraient voulu l'étrangler (1). »

Eh mais ! on s'amusait assez dans la chapelle royale, et ces tribunes « bordées de dames », ces petites bougies allumées, ces grimaces pour être vu, ont une analogie piquante avec les loges, les chandelles et les manéges de la comédie.

(1) Saint-Simon. VI, c. x.

Scènes assez profanes également à la chapelle des Tuileries.

« J'avais grande envie, dit Madame de Sévigné, de me jeter dans *le Bourdaloue*, mais l'impossibilité m'en a ôté le goût ; les *laquais* y étaient dès le mercredi, et la presse était à mourir. »

Des laquais faisant la *queue* !

Et en un autre endroit : « Le père Bourdaloue prêche divinement bien aux Tuileries. Nous nous trompions dans la pensée qu'il ne *jouerait* bien que dans son *tripot* ; il passe infiniment tout ce que nous avons ouï. »

Le *tripot,* cela signifiait la *maison professe* !

Quel respect pour les choses du culte et pour les personnes sacrées !

Madame de Sévigné est, il est vrai, la coupable, mais quand la reine de l'épistolat parlait ainsi de l'apostolat, que devaient penser et dire les femmes du monde douées d'un style encore moins châtié !

Le Bourdaloue ! Le jésuite est traité comme un acteur.

Cela fait un heureux pendant au... *un Molière* de Bossuet.

A Saint-Sulpice, même *brouhaha* que dans une salle de spectacle.

On sait l'exclamation du prince de Condé : comme la foule qui encombrait l'église faisait un tapage d'enfer, Condé, en voyant Bourdaloue apparaître en chaire, s'écria :

« Silence ! voici l'ennemi ! »

Le mot — c'est un *mot* — est flatteur pour le talent de l'orateur, mais est-il en situation dans le saint lieu, et ne sent-il pas quelque peu l'odeur du parterre parisien?

Le jour de Noël 1671, Mme de Sévigné écrit : « Je m'en vais *en Bourdaloue* ; on dit qu'il s'est mis à dépeindre les gens. »

Et Mme de Termes trouvait même qu'il les dépeignait très-bien : « Pour ses portraits il est inimitable, et les prédicateurs, qui l'ont voulu copier sur cela, n'ont fait que des marmousets. »

Bourdaloue créa même la *mode* dans les prédications, comme pour les coiffures. L'abbé d'Olivet dit : « Je me souviens que dans ma jeunesse c'était la fureur des prédicateurs de faire des *caractères* : tout est mode en France. »

Et puisque ce mot de *mode* vient sous notre plume, révélons, à ceux qui l'ignorent, la tenue des femmes qui se pressaient autour de la chaire. Bossuet se plaint qu'à la comédie les assistants donnent du scandale... Entrons dans les églises et voyons ce qui se passe au dix-septième siècle (1).

(1) Feugère. Page 453.

« Elles sont remplies ; mais, à considérer les costumes et les toilettes, les visages et la tenue des assistants, se croirait-on dans le lieu saint ? Les dames y paraissent « avec toutes les marques de leur vanité, avec tout l'étalage de leur luxe, et, ce qui est inséparable, avec toute l'enflure de leur orgueil (1)... Elles s'y distinguent par leurs délicatesses ; elles y affectent des rangs que l'esprit ambitieux du siècle y a érigés en de prétendus droits, et s'y font rendre des services dont elles sauraient bien se passer dans le palais d'un prince de la terre (2)... Elles y viennent pour voir et s'y faire voir, pour se donner en spectacle, parées comme des idoles (3)... Ce sont des immodesties dont les plus infidèles mahométans ne seraient pas capables dans leurs mosquées (4)... » En vain les évêques à plusieurs reprises, en vain le pape lui-même menacèrent d'excommunication les femmes qui venaient à l'église et se présentaient aux sacrements « les bras et la gorge nus (5) », les

(1) Carême. 2e sermon pour le mercredi des Cendres, 1re partie.

(2) Carême. Lundi de la 4e semaine, *sur le Sacrifice de la messe.*

(3) *Essai d'Octave du Saint-Sacrement.* 2e jour.

(4) Second Avent. 2e dim., *sur le Respect humain,* 2e partie.

(5) Voyez P. Clément, *La Police sous Louis XIV,* c. III, p. 88 sqq.

censures ecclésiastiques ne suffirent pas. L'abus en vint à ce point que des femmes ne craignirent pas de se montrer au pied des autels avec un masque. L'autorité séculière voulut mettre un terme à ces scandales : des peines furent édictées contre les femmes qui paraîtraient à l'église dans un costume inconvenant; une surveillance vigilante fut exercée, et l'orgueilleuse madame de Grignan eut un jour cette humiliation, qu'un commissaire la menaça de payer l'amende (1).. »

« Encore, si l'on ne déshonorait le plus saint des mystères que par de simples dissipations et de simples immodesties; mais, jusque dans le sanctuaire, à quelles abominations n'en vient-on pas! quel discours y tient-on! quels sentiments y conçoit-on! » (2)

« Pour *quelques* âmes pieuses qui cherchent à s'instruire dans une prédication, cent autres s'y trouvent, parce qu'ils doivent y rencontrer tels ou telles, et que c'est là, à certains jours et à certains temps, comme le rendez-vous public. » (3)

(1) Pendant un des séjours qu'elle fit à Paris, en avril 1678. Voyez lettre de madame de Senneville à Bussy, du 25 avril 1678, et la réponse de Bussy, du 28 avril suivant. (*Correspondance de Roger de Rabutin*, t. IV, p. 97 et 99.)

(2) *Exhortations sur le Reniement de saint Pierre*, 1re partie.

(3) *Dominicales.* Sur la *Parole de Dieu*, 1re partie.

Le temple du Très-Haut est devenu « un terme d'assignation et de rendez-vous »..

Il serait fastidieux et par trop malicieux de multiplier les citations. Il suffit d'avoir montré que le théâtre n'est pas le seul lieu où la frivolité, les passions et la légèreté humaines se font jour. Suivant l'expression pittoresque du cardinal de Retz, il y avait, au XVIIe siècle, dans l'église, « un salmigondis perpétuel de dévotion et de péché », et c'est Bourdaloue qui infligera à Bossuet la suprême réplique (1) :

« Il est quelquefois *aussi* dangereux, pour une femme chrétienne ou plutôt pour une femme mondaine, de paraître *au sacrifice* que dans les cercles et les assemblées du monde. »

Quant aux prédicateurs eux-mêmes, laissant de côté les plaisants comme le *Petit-Père André,* que l'esprit de parti seul consentirait à prendre comme exemples, nous saluons avec respect leur génie et nous admirons sincèrement leurs mâles accents.

Oui, c'est encore dans la chaire qu'il y a eu le plus de courage contre la dépravation générale. Bourdaloue et Mascaron, plus que Bossuet et Massillon, méritent cet hommage.

---

(1) Carême. *Sacrifice de la messe,* lundi de la 4e semaine.

Et pourtant encore, que de formules dépassant les nécessités de la politesse et de l'étiquette !

Dans son sermon sur les *Devoirs des rois,* Bossuet, parlant devant Louis XIV et venant d'achever le portrait — flatté — de Salomon, disait :

« Tel était le roi Salomon. Ne disons pas, chrétiens, ce que nous pensons de Louis-Auguste ; et, *retenant en nos cœurs les louanges que nous donnons à sa conduite,* faisons quelque chose qui soit plus digne de ce lieu ; tournons-nous au Dieu des armées, et faisons une prière pour notre roi. »

La *conduite* de Louis, à cette époque… il eût mieux valu n'en pas parler.

Bourdaloue, *l'Alceste* de la chaire, s'exprime ainsi dans l'exorde du sermon sur le *Jugement dernier :*

« Je n'ai ni le zèle, ni l'éloquence de saint Paul ; mais aussi j'ai *l'avantage* de parler devant un roi chrétien et *très-chrétien,* devant un *roi docile* aux vérités de la religion, et disposé non-seulement à les écouter, mais encore *à en profiter.* »

« Disposé à en profiter ! » — Hum ! — Après

avoir reçu ce compliment, Louis XIV rentrait dans ses appartements, où il trouvait réunies, dans une scandaleuse promiscuité, la maîtresse, la femme adultère et l'épouse, ou bien s'en allait aider Julien Clément, l'accoucheur de madame de Montespan (1).

Voilà qui adoucit ma rancune contre Molière, d'avoir écrit cette vilaine et trop charmante polissonnerie qui a nom « *Amphitryon* ».

Même dans la prédication fameuse où Mascaron osa menacer Louis XIV de la vengeance de Jésus-Christ, l'interprète de Dieu abaissait son inspirateur devant la Majesté humaine : « Si le respect que j'ai pour vous, Sire, ne me permet de dire la vérité que sous des enveloppes, il faut que vous ayez plus de pénétration que je n'ai de hardiesse. »

Des « enveloppes à la vérité ! » Un prêtre, dans « la chaire de vérité ! »

On peut donc excuser le comédien si son langage sur le théâtre n'était point assez austère ! Et n'est-ce pas, impressionné, révolté dans sa conscience, que Sismondi a cru devoir pousser la

(1) Voyez Capefigue, *Les Reines de la Main-Gauche*. (Paris, Amyot.)

sévérité jusqu'à dire que « jamais Louis XIV n'entendit sortir de la bouche des prédicateurs un conseil, jamais une exhortation à l'humilité ; *rien enfin autre chose que les accents de l'adulation.* »

Ce jugement est trop rigoureux ; nous l'avons reconnu, et nous le répétons loyalement, nous qui écrivons cette défense par équité pour Molière, et non en haine de la religion.

Ce que M. Veuillot devrait nous accorder, en loyale revanche, c'est que la chaire n'a pas beaucoup plus d'*efficace* que le théâtre.

En effet, Louis XIV fut sourd à la voix éloquente de Bossuet, au moins sur le chapitre de la concupiscence... et des représentations dramatiques ; Bourdaloue dut aussi pendant longtemps se contenter d'espérer.

« Enfin, dites-vous, les prêtres l'emportèrent sur les courtisans, les maîtresses et les bouffons. » Ils l'emportèrent, alors que le Roi arrivait à la cinquantaine. La parole de Dieu a donc été singulièrement aidée par une loi que Dieu a édictée aussi : la loi d'affaiblissement des passions par l'âge et la décrépitude du corps. D'ailleurs Mme de Maintenon était une compensation au sacrifice accompli par le chrétien tardivement repentant.

Nous avons, au reste, sur ce point, le témoignage même de Louis XIV.

Le roi dit un jour à Massillon au sortir d'un de ses sermons : « Mon père, j'ai entendu plusieurs grands orateurs : *j'en ai été fort content.* Pour vous, toutes les fois que je vous ai entendu, j'ai été très-mécontent de moi-même. »

A l'heure où le Roi, qui n'avait éprouvé en face des Bossuet et des Bourdaloue que le contentement du délicat, rentrait en lui-même sous l'action de la parole de Massillon, il avait plus de soixante ans !

Quand il devient vieux.... le roi se fait ermite.

IV

BOSSUET

Omnis qui se exultat humiliabitur.
Évangile selon saint Luc, ch. 18.

Après avoir opposé la chaire à la comédie,
M. Louis Veuillot oppose le prêtre au comédien.

Encore un procédé facile d'exécution.

Quoi de remarquable que la vie du prêtre offre
plus de moralité que celle de l'acteur?

Quoi d'étonnant que le religieux serve Dieu
uniquement. Quant au caractère, l'avantage doit
aussi rester au premier, sans qu'il y ait là grand
miracle.

Nous ne sommes point de ceux qui voyant

des brebis galeuses dans le troupeau des serviteurs de Dieu affectent de le déclarer pourri en entier.

Le bon curé, surtout quand il joint à l'austérité des mœurs la tolérance évangélique, est l'objet de notre respect ; nous ne faisons nulle difficulté d'en convenir, bien que la pratique de la vie nous ait prouvé que la passion et le parti-pris ont l'avantage de ne blesser que les adversaires, tandis que la modération et l'impartialité contentent médiocrement les coreligionnaires.

Je rends donc hommage à ces évêques qui ont illustré l'Église et aussi la France.

Mais quand vous allez chercher ces hautes personnalités pour rabaisser l'auteur dramatique, pour humilier notre Molière et l'écraser du dédain que ces prélats lui ont témoigné, je relève la tête que j'avais courbée devant le génie, je regarde l'homme bien en face, et lui dis, songeant à Jésus et au Pharisien :

« Toi qui méprises ton prochain, es-tu sans reproche ? »

Sans reproche ! Tous les ennemis de Molière ne sont certes point dans cet état d'innocence et de grâce.

Ah ! Monsieur Veuillot, vous êtes fort habile.

Sous prétexte qu'on avait opposé Bourdaloue à

Molière, vous vous êtes empressé de peindre —
magnifiquement, je le reconnais — la belle figure
de Bourdaloue.

Parbleu ! cette vie de Bourdaloue a une unité,
une simplicité merveilleuses.

Sainte-Beuve a écrit avec raison : « Bourdaloue
a, entr'autres choses, cela d'admirable qu'il n'a
point et ne peut avoir de biographie. Il a été
l'homme du Verbe évangélique. »

Là encore, mon maître, vous vous faites la partie trop belle !

Au comédien je vais, moi, comparer l'évêque
de Meaux et, quoique la besogne par vous
imposée ne me convienne guère, je veux
vous montrer que c'est un jeu dangereux que de
remuer la vie privée des gens au bénéfice d'une
cause, car les soutiens d'une cause honorable
aussi ont le droit d'opposer personnalité à personnalité.

Plaçons donc devant notre objectif Bossuet,
qui a été si froidement cruel pour le *poète-comé-
dien*.

Représaille naturelle !

Bossuet entre dans la vie par une injustice. Il
n'en est, à la vérité, que le complice inconscient.
Mais on n'a noté nulle part qu'il l'eût regrettée ou
réparée. Pour prendre possession de son canoni-

cal, il dépouilla un coadjuteur. « Le Parlement, présidé par un oncle de Bossuet, rendit sans scrupule l'arrêt nécessaire (1). »

En voyant des bambins de treize ans pourvus d'un canonical, doive ce bambin devenir *un Bossuet*, on se rappelle les plaintes indignées de Bourdaloue.

Quelle autorité meilleure choisir que celle de l'adversaire de Molière, du collègue de Bossuet ?

Analysant le devoir des pères par rapport à la vocation de leurs enfants, il disait :

« A peine cet enfant est-il né, que l'Église est son partage ; et l'on peut dire de lui, quoique dans un sens bien opposé, ce qui est écrit d'Isaïe, que dès le ventre de sa mère il est destiné à l'autel, non par une vocation divine, comme le prophète, mais par une vocation humaine. *Ab utero vocabit me* (Isaïe, 49). Vous diriez que cet abus ait désormais passé en loi, et que Dieu, avec toute la supériorité de sa sagesse et de sa grâce, soit obligé de s'y assujettir... Quoi ! il faudra que Dieu en passe par votre choix, et qu'il soit réduit, pour ainsi parler, à recevoir cet enfant aux plus saintes fonctions de l'Église, parce que cela

____

(1) Paul Albert : *La Littérature française*. (Paris, Hachette.)

vous accommode, et que vous y trouvez votre compte? »

Et Bourdaloue ajoutait :

« On s'engage, s'il est besoin, dans les ordres sacrés. Je dis s'il est besoin : car, hors du besoin, on n'aurait garde d'y penser ; et vous entendez bien quel est ce besoin (1)... Il y a dans l'état ecclésiastique des degrés où l'on ne peut monter sans le sacerdoce. C'est une condition absolument requise pour obtenir tel bénéfice, et pour parvenir à telle dignité. Il faut donc entrer dans les ordres sacrés, et l'on y entre. Pourquoi? Est-ce pour avoir le précieux avantage d'offrir le sacrifice du corps et du sang de Jésus-Christ? C'est à quoi l'on ne pense guère ; et si le saint caractère n'était bon qu'à cela, on ne s'empresserait pas de le demander. Mais il peut servir à autre chose, et on ne le recherche que pour cette autre chose. Non-seulement on est prêtre avec ambition, mais on ne l'est que par ambition (2). »

Encore un coup, ce que je cite là n'est point pour incriminer Bossuet enfant, qui obéit et avait

____

(1) Dominicales. 1ᵉʳ dimanche après l'Épiphanie. *Sur le Devoir des pères*, etc.

(2) Exhortations. *Sur la Dignité et les Devoirs des prêtres*, 1ʳᵉ partie.

d'ailleurs la vocation ; mais ne vaut-il pas mieux être comédien par conviction que prêtre par cupidité ?

Ce n'est pas tout : il y a un autre passage d'un sermon de Bourdaloue, qui est la plus terrible de toutes les accusations contre l'évêque de Meaux.

Ce passage, le voici :

« On poursuit les honneurs, même les plus saints, comme dus à sa naissance ; et, sans nul fondement que celui-là, on se croit bien établi, et même en droit de prétendre à tout. C'est assez d'avoir de la qualité pour aspirer à ce qu'il y a de plus éminent dans le sacerdoce. Moïse, remarque Philon le Juif, se voyant sur le point de mourir, n'osa jamais nommer un de ses proches, pour lui succéder dans l'honorable commission qu'il avait reçue de conduire le peuple... Mais l'ambitieux, bien plus éclairé, ou bien moins scrupuleux que Moïse, se destine sans hésiter pour successeur à qui il lui plaît, et fait valoir aussi bien que les enfants de Zébédée la proximité du sang, pour venir à bout de tous les desseins que lui suggère son ambition. Il n'est pas jusqu'aux dignités les plus sacrées, dont certains esprits du monde... ne continuent à dire aujourd'hui, mais avec bien plus de scandale, ce que disaient déjà, du temps de David, les premiers du peuple d'Israël : Allons, possédons le sanctuaire de Dieu comme notre héritage « *Omnes principes eorum, qui dixerunt : Hereditate possideamus sanctuarium Dei* (Ps. 82) », c'est un bénéfice qui depuis tant d'années est dans notre maison, et qu'il y faut conserver (1). »

Hélas ! dans ce sermon, Bourdaloue a conté la triste histoire de Bossuet et de son neveu, l'abbé Bossuet, un casuiste médiocre, qui payait l'Opéra aux valets et aux femmes de chambre de sa belle-sœur.

M. Louis Veuillot reproche à Molière les faveurs royales, et notamment la pension de mille livres que Louis XIV lui accorda à titre d' « excellent poète comique. »

Comment jugera-t-il la conduite de Bossuet se traînant moribond au palais de Versailles pour assurer à son neveu la succession de l'évêché de Meaux ?

Le prédicateur catholique, le prêtre inflexible, condamnant le comédien aux larmes éternelles, n'a pas eu les *scrupules* du juif Moïse. Il a dési-

______

(1) Carême. Mercredi de la 2ᵉ semaine. *Sur l'Ambition,* 1ʳᵉ partie.

gné un de ses proches pour lui succéder, et comme la désignation ne suffisait pas, qu'il fallait obtenir le bon plaisir du Roi, l'Aigle de Meaux va, traînant l'aile, jusqu'au nid où reposent les vieux amoureux, Louis et Mme de Maintenon.

Tenez ! Monsieur Veuillot, j'hésite à raconter ces derniers jours du prêtre qui aurait dû se mieux préparer à paraître devant Dieu. C'est honteux et navrant à la fois. Et je vous le jure, je ne contribuerais pas à faire connaître de telles faiblesses, si vous n'aviez pas insulté violemment la mémoire de celui qui nous est cher, à nous, amis du génie comme de la piété.

Ah ! Molière est « flatteur, menteur, corrupteur. »

Regardez, Monsieur, regardez ailleurs que dans la conscience des comédiens, et, j'en appelle à votre sincérité, quelque dur que soit l'aveu, répondez, Bossuet n'a-t-il pas flatté les puissants de la terre par intérêt ; n'a-t-il pas menti en donnant son neveu comme digne d'occuper son siége épiscopal ; n'a-t-il pas corrompu les autres prêtres en montrant l'exemple du népotisme le plus effronté ?

Malheureusement pour Bossuet, son secrétaire particulier, l'abbé Le Dieu, nous a laissé des détails circonstanciés sur cette vilaine affaire, et

M. Veuillot ne contestera pas l'authenticité de cette relation, puisque, dans son livre, il s'appuie lui-même sur les dires de l'abbé Le Dieu.

Donc Bossuet, malade à Versailles, y est retenu par son neveu qui croit la présence de l'illustre prélat fort utile à ses intérêts. Mme de Maintenon s'étonne de ce séjour obstiné, et elle va jusqu'à dire au médecin Dodart, qui le rapporte à l'abbé Fleury : « Veut-il donc mourir à la Cour ? » (1)

Quel cri du cœur d'une pieuse femme !

A la fin, on transporte Bossuet à Paris. Il y a du mieux dans son mal — c'était la pierre —. Logé rue Sainte-Anne, il peut faire quelques promenades au jardin des Tuileries.

Et quel était le but de ces promenades ?

L'abbé Le Dieu nous l'indique :

« *Il* (Bossuet) nous disait qu'il éprouvait ses forces par les pentes douces, afin de s'accoutumer à monter et à descendre, pour se mettre en état d'aller chez le roi ».

Pour solliciter !

Pouah !

Sainte-Beuve **a** beau écrire : « Heureux qui au terme du voyage n'a pas à se reprocher de plus

(1) Sainte-Beuve.

grandes faiblesses ! » ; il a beau ajouter pour comble d'indulgence : « Cette idée de Versailles n'est point particulière alors à Bossuet. L'escalier de Versailles ! Racine est mort peut-être de n'avoir plus l'espérance de le monter ; Bossuet en garde jusqu'à la fin la vision dorée et la perspective » ; ce n'en est pas moins le triste soir de beaux jours.

La brigue ouvre la carrière de Bossuet enfant ; c'est par la brigue qu'il la termine, vieillard ordonné.

Et ce que Bossuet avait dirigé contre Molière se retourne contre lui-même : « Ni les beaux vers, ni les beaux chants — ajoutons : *ni les beaux sermons* — ne servent de rien devant Dieu, et il n'épargnera pas ceux qui, *en quelque manière que ce soit,* auront entretenu la convoitise. » Au surplus ; assez regardé dans l'âme de ce prédicateur de génie !

Je ne me complais pas, comme M. Veuillot, dans ces œuvres de démolition, de médisance, dans ces réquisitoires contre les glorieux maîtres de notre littérature.

Oublions donc les entrevues de Bossuet avec les maîtresses du roi, le rôle presque comique joué par lui entre ces femmes et l'amant royal qui le leurre de promesses de conversion ; les complaisances à l'égard de la veuve du *bouffon* Scar-

ron, payée fort cher par Louis XIV pour des services moins avouables que ceux de Molière ; oublions aussi la lutte si peu *fraternelle* avec Fé-
nelon ; oui, oublions tout cela, pour nous absorber
dans l'admiration de ce beau langage, de ces
belles évocations du Dieu des chrétiens, de ces
panégyriques grandioses qui ont fondé la gloire
de Bossuet. Mais que les ennemis de Molière ne
soient pas trop rigoureux pour le profane auteur
dramatique, quand les oints du Seigneur et les
princes de l'Église ont tant besoin de la charitable
indulgence des publicains encore assez humbles
pour se frapper la poitrine sans mépriser ni injurier autrui.

V

LE TARTUFFE

———

Le Tartuffe a porté chez nous la
comédie aussi haut qu'elle peut atteindre.
(Sainte-Beuve, *Port-Royal*, livre III.)

Avant l'étude de l'œuvre, M. Veuillot refait
l'histoire de l'œuvre.

Le critique religieux est fort courroucé que
Tartuffe ait pu être représenté avec l'agrément
de Sa Majesté Catholique Louis le quatorzième,
malgré l'archevêque et les curés de Paris, parmi
lesquels Pierre Roulés, curé de Saint-Barthélemy,
qui voulait tout simplement brûler Molière en
chair et en os. Ce Roulés écrivait dans une re-

quête au *Roy glorieux au monde :* « *Ce* Molière est un homme ou plus tost un démon vestu de chair et habillé en homme, et le plus signalé impie et libertin qu'il fust jamais. » Aussi l'excellent, le charitable et pas flatteur abbé Roulés réclamait-il pour Molière « un dernier supplice exemplaire et public. »

M. Louis Veuillot, qui appelle cela : « crier publiquement au secours », ne peut pas se consoler que Louis XIV ait donné tort au curé.

Quelque chose de pis ! le comble de l'abomination !

Molière obtint, en même temps que l'autorisation de jouer *Tartuffe,* un *canonicat* de la chapelle royale de Vincennes pour le fils d'un médecin de ses amis. Le comédien suivait l'exemple donné par le clergé, exemple fort apprécié par la famille Bossuet, et le Roi répondait « Amen ».

M. Louis Veuillot a, non imaginé, mais découvert, l'explication de cette condescendance du souverain : c'est encore dans « l'ami Bazin », car l'honorable rédacteur en chef de l'*Univers* continue à ignorer tous les autres commentateurs de Molière, et les Taschereau, et les Moland, et les Paul Lacroix, et les Despois.

Donc « l'ami Bazin » — toujours de la meilleure foi du monde — n'a vu dans *Tartuffe qu'une*

*plaisante représaille contre la dévotion rigou-
reuse et chagrine.* M. Veuillot, trouvant là un argument dans son procès contre Molière, pour flat-
terie et corruption, s'empresse d'écrire : « Il
plaisait à Louis XIV que les censeurs de ses
amusements parussent ridicules à Paris comme
à Versailles. »

Mais cet argument est à deux tranchants !
« *Tartuffe* » a été joué pendant que Bossuet prè-
chait à la cour. La prédication du grand orateur
n'avait donc même pas le pouvoir de rendre le
Roi, sinon chaste, au moins respectueux.

Holà !

Soyez plus juste pour le monarque, vous, Monsieur, qui êtes le plus ardent champion de la lé-
gitimité, et rappelez-vous donc qu'en cette même
année 1669, où « *Tartuffe* » parut à Paris,
Louis XIV eut l'esprit « de se montrer roi et
chrétien », et de répondre à ses courtisans, bles-
sés de la hardiesse de Mascaron : « Le prédicateur
a fait son devoir, Messieurs; souhaitons de faire
le nôtre. »

Est-ce la parole d'un débauché qui veut ridi-
culiser ses censeurs? Non : Louis XIV mérite
d'être jugé mieux que par « l'ami Bazin » doublé
de M. Veuillot.

J'ai idée que Louis XIV céda par d'autres raisons tirées à la fois du cœur humain et de l'étude de la comédie elle-même.

Une anecdote citée par Taschereau et une observation ingénieuse faite par lui à cette occasion, m'ont mis sur la trace de suppositions qui seront, je l'espère, considérées comme fondées.

Voici le récit de Taschereau, qui a pris l'anecdote dans l'*honnête* Bret, lequel affirme que l'abbé d'Olivet la rapporta souvent :

« Vers la fin de l'été de 1662, Molière suivait, en sa qualité de valet de chambre, le Roi qui se rendait à son armée en Lorraine. Il travaillait déjà au *Tartuffe*, et, observateur profond, il trouva le germe de la première scène entre Orgon et Dorine dans une exclamation plaisante de Louis XIV. Accoutumé dans ses campagnes à ne faire qu'un repas le soir, le prince se disposait à se mettre à table un jour de Quatre-Temps. Il engagea son ancien précepteur, Péréfixe, évêque de Rhodez, à suivre son exemple; le prélat s'empressa de répondre, avec affectation, qu'il n'avait qu'une collation à faire un jour de vigile et de jeûne. Cette réponse excita de la part d'un des assistants un rire, qui, bien que retenu, n'avait point échappé au Roi. Lorsque l'évêque fut sorti, il voulut savoir le motif. Le rieur lui répondit qu'il pouvait se tranquilliser sur le compte de M. de

thodez, et lui fit un détail exact de son dîner,
uquel il avait assisté. A chaque mets recherché
ue le conteur faisait passer sur la table du pré-
t, le Roi s'écriait : *Le pauvre homme !* et chaque
is, il prononçait ce mot d'un ton de voix diffé-
nt qui le rendait plus comique.

« Dix-huit mois après, à la représentation des
ois premiers actes de *Tartuffe*, à Versailles,
ouis XIV ne se rappelait plus qu'il eût part à
tte scène. Molière l'en fit adroitement souvenir.
r, cette circonstance, si frivole en apparence, en
ssociant le prince à la gloire du poète, ne fut peut-
tre pas étrangère à la détermination que celui-là
rit plus tard d'autoriser la représentation de ce
hef-d'œuvre malgré les menées d'une cabale puis-
ante. »

Ce que Taschereau aurait peut-être dû ajouter,
est que Louis XIV ressentit quelque dépit de
oir les simagrées des hypocrites de religion, de
iscipline, et qu'à la satisfaction d'être un inspi-
ateur, il joignait celle d'être un vengeur. Pour-
uoi le Roi n'aurait-il pas eu le désir de faire en
ollaboration des portraits tout comme Bour-
aloue?

Mais ce n'est pas seulement le *pauvre homme*
ue Molière prit à Louis XIV, il lui dût aussi le
énouement de la comédie, si fameux et à tort

critiqué. Cette histoire de cassette et de papiers secrets confiés à Orgon par un criminel d'État, volés par Tartuffe, qui avait été mis dans la confidence, puis remis par lui au Roi, afin de perdre Orgon et de s'attirer les bonnes grâces du souverain, me semble être une histoire vraie, contée par Louis XIV à son valet de chambre ou connue à la cour. Le Roi aura constaté là encore quelque infamie des faux dévots du temps, espions par intérêt, et il aura éprouvé un malin plaisir à voir transporter sur la scène ce trait dont il avait été indigné ; car les dehors de piété servant à cacher la délation sont ce qu'il y a de plus répugnant au monde.

Louis XIV ne crut pas être nuisible aux intérêts de la religion, tout en servant ceux de l'État, quand il démasquait les hypocrites, quand il leur disait tout haut qu'il savait percer

« Des replis de leur cœur toutes les lâchetés »,

et qu'il en avait horreur.

Cette hypothèse, appuyée sur des bases solides, n'est-elle pas plus plausible que celle de « l'ami Bazin », adoptée par l'ennemi Veuillot ?

Donc elle est représentée, la scandaleuse comédie !

M. Louis Veuillot en conteste le succès.

C'est une erreur. Et, sur ce point, le meilleur
témoignage à opposer, pour le passé, à M. Veuillot,
est celui d'un ennemi de Molière, l'auteur anonyme de la *Critique de Tartuffe*, qui dit à propos de cette pièce :

Un si *fameux succès* ne lui fut jamais dû,
Et s'il a réussi, c'est qu'il fut défendu.

Quant au présent, on peut constater *de visu* et
de auditu l'effet produit par cet éternel chef-
d'œuvre.

M. Louis Veuillot, qui est allé, une fois par hasard, voir jouer *Tartuffe*, est tombé, paraît-il,
sur une représentation dominicale, où *le pesant
public du dimanche, composé de demi-bourgeois,
gens de petite rente et de petit négoce* — comme
ces défenseurs du droit divin traitent avec fraternité le pauvre monde ! — paraissait s'amuser
médiocrement jusqu'au moment où Tartuffe en-
tra. A partir de cette entrée, M. Veuillot constate
l'explosion de bravos et l'attribue à la haine de
ces gens de peu pour les prêtres. S'il osait, le
journaliste catholique affirmerait que ces spectateurs n'applaudissaient que pour complaire à celui qui était son voisin de stalle, un ministre de
la religion réformée, dont le voisinage l'a agacé
au point de lui troubler le jugement.

Si M. Louis Veuillot avait assisté, comme nous, à une centaine de représentations du *Tartufe*, à Paris ou en province, dans de grands ou de petits théâtres, qui possédaient de bonnes ou de mauvaises troupes, il serait obligé de reconnaître que *tout porte* — comme on dit en langage de coulisses — et que le désir de faire de l'*anticléricalisme* n'est pas l'unique cause des bravos.

Les deux premiers actes ne passent point *avec langueur,* ainsi qu'il le prétend.

La scène de début avec Mme Pernelle met immédiatement chacun en joie. Dorine aiguise ensuite l'esprit de tous. Alors vient « le *pauvre homme.* » En présence de M. Veuillot on a *à peine souri.* C'est la seule soirée alors, la seule où pareille tiédeur a été montrée, tant j'en appelle au souvenir de tous ceux qui ont vu jouer *Tartuffe,* quoi de plus irrésistible que cette répétition du « *pauvre homme.* »

La grande tirade de Cléante, même mal dite, est toujours applaudie, tant la foule aime à rendre hommage aux sentiments honnêtes. Et au second acte, comme le dialogue si plaisant, si nerveux, entre Orgon et Dorine, désopile toutes les rates, et combien on goûte la scène des amoureux que la postérité a classée parmi les plus délicieuses, nais que M. Veuillot — le seul — déclare *peu endre*.

D'ailleurs, l'opinion de M. Veuillot — on en a u soutenir de plus singulières encore — est que a comédie de Molière doit être condamnée au om de l'art et de la raison, comme au nom de la norale. Parlons net : l'œuvre est fausse, longue, nnuyeuse, médiocre ; tous ses admirateurs ont ubi l'influence du parti-pris. C'est la haine de a religion qui a engendré l'amour de *Tartuffe*.

Et M. Veuillot, disséquant la pièce, démontre érieusement que Molière, fort rassuré par le ca- actère impie de son œuvre, ne s'est pas inquiété les fautes qu'il commettait contre le goût, la vrai- emblance, et toutes les règles de l'esthétique dra- natique.

Le principal grief du critique de *Tartuffe* est que, dans la pièce, il n'y a qu'un seul caractère uquel tous les autres sont sacrifiés. »

Il lui plaît de ne regarder que Tartuffe qui offusque, et par conséquent il ne voit que lui. Mais Orgon, mais Dorine, mais Damis, mais Cléante, mais Valère, mais Elmire, toutes ces victimes sont non moins intéressantes que le bour- eau.

Pénétrons, si vous le voulez bien, dans ce foyer, objet d'une trop complète inattention.

L'harmonie du tableau est bien troublée quand la toile se lève, et la maison a l'aspect fiévreux d'un salon où se serait égarée une chauve-souris, chacun cherchant à la chasser afin qu'elle ne casse pas les objets d'art ou n'aveugle point les enfants.

Mais replaçons tout à l'état naturel, oublions le désordre que cause l'intrusion du fourbe et demandons-nous s'il est famille plus aimable à voir.

Voici d'abord Orgon, le chef. Suivant l'expression de Dorine, Tartuffe l'a *hébété*, et c'est dans ce récent état que Molière nous le présente. Toutefois l'auteur a bien soin de nous indiquer par divers traits le véritable *caractère* d'Orgon avant que celui-ci ait été *tartuffié*.

C'est un homme honorable, un ami sûr, dévoué, car Argan n'hésite pas à lui confier sa cassette, et lui, Orgon, n'hésite pas à recevoir ce dangereux dépôt.

C'est un homme de sens et de courage, car il a su se montrer tel dans les époques troublées, dans les guerres civiles. Il devrait même être mieux traité par les *conservateurs* comme M. Veuillot, puisqu'il a pris le parti du Roi durant la Fronde.

C'est un fils respectueux pour sa mère, et il ne semble point avoir été mauvais mari, puisque Elmire, qui a le droit d'être difficile, l'a épousé en secondes noces.

Un célibataire peut tromper son monde, mais un veuf a son casier conjugal !

Il a bon cœur, car c'est sa charité qui l'a perdu. Pourquoi a-t-il recueilli Tartuffe chez lui ? Parce que Tartuffe était gueux comme Job, qu'il n'avait point de souliers et portait un habit dont la valeur n'excédait pas six deniers.

Est-ce là le sot et brutal Orgon imaginé par M. Veuillot ?

Il n'est sot et brutal, qu'après que Tartuffe l'a empaumé.

A côté du mari, l'épouse.

Elmire est une femme de choix ; elle est douce, bonne, aimante, simple.

Mme Pernelle, sa belle-mère, a beau se fâcher, crier, injurier, elle conserve le respect devant la vieille maman et l'accompagne jusqu'à la porte, en essuyant jusqu'au bout l'averse de gronderies.

Elmire est aussi une belle-mère : quelle tendresse elle a pour son beau-fils et pour sa belle-fille ; comme elle prend leur parti, leurs intérêts, comme leur cause est la sienne propre !

Et elle est bien payée de retour. Sont-ils assez gracieux, ce Damis, cette Mariane ?

Damis, pétulant, un peu braque, mais respec-

tueux pour son père, et ne s'emportant que par
zèle pour sa sœur.

Quelle jeune fille plus aimable que Mariane,
plus douce et plus soumise enfant?

Cléante est la raison, la sagesse en personne.

Quel galant homme que Valère, l'ami sincère
de la maison, le soupirant de Mariane, bien digne
d'entrer en cette excellente famille, car il est dévoué jusque dans la mauvaise fortune et à l'heure
du danger.

Et enfin Dorine est le type le plus sympathique
de la suivante attachée à ses maîtres par cette
affection franche, ronde, que la femme du peuple
ressent souvent ; elle est un peu trop forte en
gueule, certes, mais elle a le cœur sur la main.

Sauf Mme Pernelle, qui sonne faux dans ce
concert harmonieux — depuis longtemps elle était
tartuffiée — je ne vois dans cet intérieur que
grâce, respect, dévouement, amour, esprit de
famille.

« De ce que l'on vous doit envers vous on s'acquitte. »
dit Elmire à Mme Pernelle.

Et Orgon :

> ... Je ne sais pas, si vous n'étiez ma mère,
> Ce que je vous dirais, tant je suis en colère.

De la bouche de Mariane il ne s'échappe pas

une seule parole de ressentiment quand Orgon la
veut donner à Tartuffe. Elle ne réclame qu'une
chose : l'autorisation d'aller au couvent. Damis
supporte, plus dignement que le Cléante de
l'*Avare*, la malédiction paternelle, et revient
près de son père désabusé lui offrir son bras pour
le venger.

Et quel atmosphère de désintéressement on
respire en cet intérieur !

Tartuffe n'en veut pas seulement à la femme,
à la fille d'Orgon, il en veut aussi à ses biens.
En amenant Tartuffe chez lui, Orgon a introduit
sous son toit la captation avec la séduction.

Or, de tous les personnages, aucun n'a une
préoccupation matérielle, aucun n'est intéressé,
nul n'a le souci étroit de l'argent et du bien-
être. La principale affaire pour tous, en ce
lieu, est d'empêcher le malheur de Mariane.
La ligue de l'affection se forme contre Tartuffe.
Certes la présence de cet intrus est désagréable
à tous ; on le supporte à contre-cœur ; pourtant,
si Tartuffe se contentait d'être parasite, on l'endu-
rerait encore. Mais s'emparer de la fille, c'est
trop ! Que Tartuffe laisse la fille, on lui laissera
l'argent : on s'y est résigné facilement. Quand
Orgon est obligé d'avouer qu'il a fait une donation
et que Tartuffe est désormais maître des biens

et de la maison, personne ne se désole, personne n'accable Orgon des reproches de l'égoïsme blessé. A peine si Elmire, la mère, lance une exclamation. Toutes ces âmes sont généreuses, désintéressées.

En cette question de la donation, M. Louis Veuillot s'est singulièrement égaré et a fait un pas de clerc.

La citation de ce passage de son livre nous permettra de donner un spécimen de la sûreté de sa critique, quand sa flamme si noble pour la religion l'éblouit et l'aveugle.

« La scène la plus admirée est celle du troisième acte dans laquelle Orgon, apprenant que Tartuffe a voulu corrompre sa femme, répond à cette dénonciation, confirmée par Elmire, en faisant à Tartuffe une donation de tous ses biens. Les commentateurs s'extasient sur cette scène *étonnante*. Étonnante, en effet, non-seulement par la crédulité d'Orgon, qui tient du prodige, mais par cette fureur de dupe qui le porte à dépouiller ses enfants. Il n'est pas possible de forcer plus outrageusement la nature, et Orgon devient une sorte de monstre plus rebutant que Tartuffe lui-même. Après lui avoir ôté l'esprit, Molière lui ôte ici le cœur; en quoi il pèche deux fois contre la plus indispensable vraisemblance,

ce trait d'Orgon n'étant ni d'un père, ni d'un chrétien qui observe sa religion. Il n'y a point de dévot, pour absurde et mauvais chrétien qu'on le
suppose, qui ne sache qu'une part au moins de
son bien appartient à ses enfants et qui se décide
à les dépouiller sans consulter son confesseur.
Est-ce qu'Orgon ne se confesse pas, ou faut-il supposer que Tartuffe a gagné le confesseur d'Orgon ?
Mais alors tout cela crève de scélératesse et d'i-
niquité ; c'est une histoire de bandits que nous
avons sous les yeux, et non pas un épisode du
spectacle ordinaire de la vie. »

C'est Bourdaloue que je prie de répliquer à
M. le Rédacteur en chef de l'*Univers*.

Le prêtre, opposé par M. Veuillot au comédien,
mettra, dans le portrait des pères chrétiens du
XVIIe siècle, des touches plus violentes, plus
noires que celles du portrait d'Orgon.

Parce qu'Orgon dépouille ses enfants et jette Mariane dans les bras de Tartuffe, M. Louis Veuillot
crie que Molière pèche deux fois contre la plus
indispensable vraisemblance ! L'écrivain religieux
a bien oublié son Bourdaloue !

Qu'il ouvre le sermon du premier dimanche
après l'Épiphanie, et celui qui a été prêché le
mercredi de la deuxième semaine du Carême, et
voici ce qu'il lira

6

« Ce cadet n'a pas l'avantage de l'aînesse : sans examiner si Dieu le demande, ni s'il l'accepte, on le lui donne... Il suffit qu'il soit le cadet de sa maison, pour ne pas douter qu'il ne soit dès là appelé aux fonctions redoutables de pasteur des âmes. Si les choses changeaient de face, sa vocation changerait de même. Tandis qu'il aura un aîné, elle subsistera... Cet aîné n'a pas été en naissant assez favorisé de la nature, et manque de certaines qualités pour soutenir la gloire de son nom : sans égard aux vues de Dieu sur lui, on pense, pour ainsi dire, à le dégrader, on le rabaisse au rang du cadet, on lui substitue celui-ci, et pour cela on extorque un consentement forcé ; on y fait servir *l'artifice et la violence, les caresses et les menaces*... Car, dans ce département des conditions, fait par des parents aveugles et prévenus de l'esprit du monde, si de plusieurs enfants qui composent la même famille, il y en a un plus *méprisable,* c'est toujours celui à qui les honneurs de l'Église sont réservés. S'il est disgracié, mal fait, ou s'il n'a pas l'inclination du père et de la mère, dès là, il faut en faire un bénéficier. O impiété !... maintenant on ne donne point d'enfants plus volontiers à Dieu que ceux qui ont moins de part à la bienveillance paternelle ; et quand on les juge indignes de soutenir l'honneur de leur naissance, on les estime capables d'être les ministres de Jésus-Christ et les dispensateurs de ses mystères...

« L'établissement de cette *fille* coûterait : sans autre motif, c'est assez pour la dévouer à la religion. Mais elle n'est pas appelée à ce genre de vie ; il faut bien qu'elle le soit, puisqu'il n'y a point d'autre parti à prendre pour elle. Mais Dieu ne la veut pas dans cet état : il faut supposer qu'il l'y veut, et faire comme s'il l'y voulait. Mais elle n'a nulle marque de vocation : c'en est une assez grande que la conjoncture présente des affaires et la nécessité. Mais elle avoue elle-même qu'elle n'a pas cette grâce d'attrait : cette grâce lui viendra avec le temps, et lorsqu'elle sera dans un lieu propre à la recevoir. Cependant on conduit cette victime dans le temple, les pieds et les mains liés, je veux dire dans la disposition d'une volonté contrainte, la bouche muette par la crainte et le respect d'un père qu'elle a toujours honoré. »

Et ici rapprochons Bossuet de Bourdaloue !

Ouvrons l'oraison funèbre d'Anne de Gonzague, nous y lisons :

« La princesse Bénédicte, la plus jeune des trois sœurs, fut la première IMMOLÉE A CES

INTÉRÊTS DE FAMILLE. On la fit abbesse, sans que, dans un âge si tendre, elle sût ce qu'elle faisait ; et la marque d'une si grave dignité fut un jouet entre ses mains. »

Enfin, retournons à Bourdaloue qui conclut ainsi :

« Ah ! *chrétiens*, quelle abomination !... Non, non, disait Salvien, par une sainte ironie, nous ne sommes plus au temps d'Abraham, où les sacrifices des enfants par les pères étaient des actions rares. Rien, maintenant, de plus commun que les imitateurs de ce grand patriarche. On le surpasse même tous les jours : car, au lieu d'attendre comme lui l'ordre du ciel, on le prévient. *On immole un enfant à Dieu*, et on l'immole *sans peine, même avec joie* ; et on l'immole sans que Dieu le commande ni même qu'il l'agrée, et on l'immole lors même que Dieu le défend. »

Pour Orgon tartuffié, immoler ses enfants à Tartuffe, c'est les immoler à Dieu.

Après avoir eu la mémoire rafraîchie par Bossuet et Bourdaloue, après avoir vu ces chrétiens *immoler* des jeunes filles aux *intérêts de famille*, M. Louis Veuillot ne regrettera-t-il pas d'avoir écrit : « Il n'y a point de dévot, pour *absurde* et *mauvais chrétien* qu'on le suppose, qui se décide à dépouiller ses enfants sans consulter son confesseur. »

A Bourdaloue, Bourdaloue et demi, mon maître !

Toutes les critiques de M. Louis Veuillot sont — et cela m'étonne de la part d'un semblable esprit — aussi mal fondées. Celle-ci, par exemple : « Tartuffe est un caractère faux ». C'était, ajoute M. Veuillot, l'opinion de La Bruyère.

On a singulièrement détourné le sens des phrases tirées des *Caractères* et opposées à Molière.

La Bruyère n'a pas — vingt ans après le *Tartuffe,* et par une intercalation en la 6e édition des *Caractères* — étudié à son tour le faux dévot dans la seule intention de critiquer Molière. Il a ajouté un type qui manquait à sa collection, et il l'a dessiné d'après les modèles qui posaient devant lui. Voilà la vérité. « Onuphre » n'est pas la seconde édition de *Tartuffe,* revue et corrigée. Onuphre est... Onuphre, une individualité, un personnage de 1689 et non l'*Imposteur* de 1669.

M. Louis Veuillot a tronqué la citation de La Bruyère, sans mauvaise intention, je l'accorde ; elle eût été trop longue. Cet embarras nous empêche aussi de donner tout le portrait d'*Onuphre,* qu'on trouvera dans La Bruyère au chapitre, non de l'*homme*, mais de la *mode*, ce qui est à noter (1).

Toutefois, nous en rétablirons un passage qui éclairera nos lecteurs sur la méprise — involontaire — de M. Veuillot. Il cite dans son livre les lignes suivantes : « *Onuphre* ne dit point *ma haire et ma discipline*; au contraire, il passerait pour ce qu'il est, pour un hypocrite, et il veut passer pour ce qu'il n'est pas, pour un homme dévot. »

Et M. Veuillot s'arréte là.

Poursuivons donc s'il vous plait !

« *Il est vray qu'Onuphre fait en sorte que l'on croit sans qu'il le dise qu'il porte une haire et qu'il se donne la discipline.* »

Ah ! ah ! Ainsi complété La Bruyère n'est plus un critique, mais un approbateur. Il ne signale pas le *défaut capital* de la pièce de Molière, il n'imagine au contraire rien de mieux que de reprendre les traits de Molière en en modifiant l'économie suivant le personnage et l'époque.

Si Onuphre ne dit point ma *haire et ma discipline,* ce n'est pas parce qu'il trouve Tartuffe

(1) Vol. II, p. 144, dans l'édition faite chez Lemerre par M. Asselineau.

maladroit d'avoir tenu un pareil langage ; c'est tout simplement parce que Tartuffe a abusé de ces mots, qu'il a éventé la mèche, et que ces déclarations, vingt ans après l'apparition du faux dévot sur la scène, auraient le danger de mettre les interlocuteurs d'Onuphre en garde contre lui. Mais Onuphre fait en sorte que *l'on croit qu'il porte une haire et qu'il se donne la discipline ;* donc Onuphre ne dédaigne pas, autant que le pense M. Veuillot, les procédés de Tartuffe.

Est-il besoin d'ajouter à cette démonstration évidente, que La Bruyère fait des dessins à la plume, tandis que Molière compose en vue de la scène. Tartuffe, pour informer Dorine « qu'il porte une haire et qu'il se donne la discipline », ne pouvait vraiment pas les faire apporter sur le théâtre par Laurent.

Oh ! c'est pour le coup que les gens pieux auraient crié qu'on tournait en dérision les choses sacrées !

En réparant des omissions analogues dans le texte, on aura l'esprit véritable du morceau. Ainsi M. Veuillot met :

« Si *Onuphre* se trouve bien accueilli d'un homme opulent à qui il a su imposer... il ne cajole point sa femme... »

Mais La Bruyère ajoute un *si* qui est important :

« *S'il n'est aussi sûr d'elle que de luy-même.* »

Si Onuphre a des motifs d'être confiant, ou s'il est emporté par la chaleur du sang, il fera comme Tartuffe.

Décidément, il faut que M. Veuillot renonce à mettre La Bruyère dans son jeu ; la carte est biseautée.

M. Veuillot en a une autre, mais c'est à peine un mauvais petit atout. On a plus fort que ça !

Cet atout, c'est la *stupidité* de Tartuffe, qui tombe assez vite dans le piége d'Elmire.

En effet, là était la partie scabreuse de la comédie, non-seulement à cause de la maladresse de Tartuffe, mais encore — et je m'étonne que M. Veuillot n'ait pas insisté sur ce point délicat, — à cause de la ruse d'Elmire, révoltant au premier abord la conscience.

Eh bien ! c'est justement là aussi que Molière a prouvé sa connaissance si profonde de l'art dramatique ; il a accompli un tour de force prodigieux, en forçant le public, grâce aux préparations les plus habiles, à admettre la vraisemblance de ces scènes si dangereuses.

Expliquons ce tour de force à notre ancien confrère en critique dramatique :

Molière ne met pas, de prime abord, dans la tête d'Elmire le projet assez peu honnête de feindre la passion. Au contraire, il fait faire à Elmire une démarche franche et honnête qui honore la mère de famille. Malgré sa répugnance à entrer en pourparlers avec un vilain personnage, Elmire tentera d'obtenir de Tartuffe l'abandon volontaire de ses prétentions sur Mariane.

Dans ce premier entretien, il n'y a point d'arrière-pensée, point d'embûche, point de piége, point de coquetterie même ; Elmire agit loyalement avec Tartuffe. Oh ! ce n'est pas qu'Elmire ne se soit pas bien aperçue que Tartuffe la regardait d'un œil tendre, et que son zèle pour tout ce qui la touche a une source moins pure que la *fraternité* chrétienne. D'ailleurs, Dorine a dit tout haut ses soupçons sur la *jalousie* de M. Tartuffe.

Et cette convoitise n'a rien qui puisse surprendre Elmire. Premièrement elle est femme ; secondement elle n'ignore pas que des hommes qui ont fait vœu de chasteté ont parfois des amitiés prétendues à tort innocentes.

Elle a entendu raconter ces scandales que Gui-Patin, que Mme de Sévigné « enregistraient complaisamment dans leur correspondance. »

Hélas! elle avait peut-être eu le malheur de connaître *un de ces libertins* engagés par sa profession dans les fonctions les plus augustes du sacerdoce (1), ou de tomber sur « un de ces ministres de Jésus-Christ ayant de trop fréquents entretiens avec leurs pénitentes » (2), et dont Bourdaloue fait une peinture qu'un Molière n'eût jamais osée :

« Un directeur semble n'avoir reçu mission de Dieu que pour une seule âme, à laquelle il donne toute son attention; plusieurs fois chaque semaine, il passe régulièrement avec elle les heures entières, ou au tribunal de la pénitence, ou hors du tribunal, dans des conversations *dont on ne peut imaginer le sujet,* ni concevoir l'utilité; il expédie toute autre dans l'espace de quelques moments, et l'a bientôt congédiée, mais ne saurait presque finir dès qu'il s'agit de celle-ci; *il s'ingère même dans toutes ses affaires temporelles, en ordonne comme il lui plaît,* et les prend autant et peut-être plus à cœur que si c'étaient les siennes propres. Est-ce donc là ce qu'inspire

---

(1) Bourdaloue : Carême. Jeudi de la 2ᵉ semaine. *Sur les Richesses.*

(2) Bourdaloue : *Panégyriques.* Sermon pour la fête de saint Étienne.

un zèle évangélique?....Ce qui doit nous saisir
d'étonnement et nous remplir de frayeur, c'est
que des gens élevés dans l'Église de Dieu aux
ordres les plus sacrés.... revêtus du sacerdoce
de Jésus-Christ, ses vicaires, ses substituts; que
des personnes adonnées à toutes les bonnes œuvres, *et regardées comme des modèles de sain-
teté*, en viennent quelquefois, par des chutes écla-
tantes, aux mêmes extrémités que les séculiers.
Les exemples en sont connus, et les âmes zélées
ont souvent gémi de voir, parmi le peuple fidèle
et dans le lieu saint, de si déplorables renverse-
ments et une si affreuse désolation (1). »

Mais, encore une fois, c'est la mère et non la
femme qui a demandé un entretien à Tartuffe, et
à ce moment du rendez-vous, elle ne compte pas
se servir de l'arme terrible de la coquetterie.

Or, c'est Tartuffe qui commence directement les
hostilités, c'est lui qui abuse de l'entrevue pour
dévoiler ses *coupables pensées.*

Il procède avec les précautions, avec la prudence du chat; il n'est pas si *stupide* que le
proclame M. Louis Veuillot. La passion qu'il a
pour Elmire, « *il la peut ajuster avecque la pu-
deur.* »

____

(1) *Pensées.* Amitiés sensibles et prétendues innocentes.

Cependant la chair se trouble, l'ivresse des sens monte avec l'*odore della femmina* au cerveau de Tartuffe, il se compromet.

Que lui importe, après tout ! Orgon n'est-il pas sous sa domination : le mari est homme à tout croire, ou plutôt à *ne rien croire* ; — la suite des événements prouve que Tartuffe raisonne juste.— Donc il se lance en pleine aventure, sachant que les audacieux ont fortune et bonnes fortunes.

Il compte sans Damis, qui, caché, avait tout entendu.

En cette première affaire, comment agit Elmire ?

Elle se défend, en épouse digne et intelligente à la fois, et ne compte même pas abuser de la situation. Elle se borne à poser ses conditions ; ce qui est juste « *N'épousez pas Mariane, et je ne dirai rien à mon mari.* »

Le contrat est licite et point excessif. Elmire n'a pas usé de supercherie, de rouerie ; c'est Tartuffe qui s'est lui-même fourré dans une mauvaise passe. Il est équitable qu'il paie l'amende.

Cependant voilà que la faiblesse et la folie d'Orgon font perdre à Elmire tous les avantages que Tartuffe lui-même avait donnés à ses adversaires. La déroute de l'*imposteur* s'est changée en victoire.

Après sa *sortie* malheureuse, il n'est que plus

solidement établi dans la maison, et Elmire est même devenue sa captive. Orgon donne à Tartuffe la garde de sa femme. Ah ! ma foi, c'est trop fort, et en y réfléchissant bien, on ne voit pas d'autre moyen de confondre le traître que d'user d'un procédé répugnant en toute autre circonstance, mais rendu absolument nécessaire pour guérir la monomanie du mari.

La conscience n'approuve pas Elmire, et cependant la raison force à reconnaître qu'il en faut venir à cette extrémité; puisque Orgon ne croit qu'à ce qu'il voit, on lui met le nez dessus !

Molière a eu le génie de faire imposer à Elmire ce qui semblerait odieux si elle l'avait ourdi d'elle-même et d'emblée.

Avant la première déclaration de Tartuffe, on l'eût huée si elle avait usé de ruse : après la première scène et après la naïveté d'Orgon, on a presque sur les lèvres le conseil machiavélique que l'amour maternel d'Elmire donne à l'honnête bourgeoise, amour qui lui murmure à l'oreille ces mots : « Ce n'est pas très-bien, mais il y va du salut de Mariane ! »

Le regretté Bancel, dans son *Commentaire* de *Tartuffe,* a éloquemment exprimé cette idée :

« Au repos du foyer, à l'avenir des enfants de

son mari, Elmire immole pour un moment sa dignité d'épouse. Je me trompe, elle ne fut jamais plus digne (1), car ce stratagème auquel répugnait sa bonne foi, si elle l'adopte, c'est pour sauver la famille menacée. J'ai entendu dire par un homme d'Etat qui n'est plus (2), je l'ai entendu s'écrier : « Je sacrifierais tout à la République et à la Patrie, tout, même l'honneur ». — La Famille, c'est la patrie de la femme. »

Et alors la bourgeoise, simple, qui, bien qu'en dise M. Veuillot, ne se réserve pas pour un homme de cour, mais a été jusqu'alors honnête, — et le restera — devient une sirène à la voix caressante.

La tranformation n'est pas impraticable, chaque femme tenant de sa mère Ève quelque aptitude originelle à pratiquer la tentation.

Elmire reprend donc l'offensive.

Par cette situation dramatique, Molière semble avoir accumulé comme à plaisir toutes les difficultés pour en sortir d'autant plus victorieux.

Le voisinage du pasteur protestant a-t-il empêché M. Veuillot de voir le public au moment où

(1) Le mot est *excessif*.
(2) Le général Cavaignac.

Elmire dit : « Faites-le moi descendre ! » Un frémissement parcourt toute la salle : il y a de l'étonnement et de la réprobation, quelque chose comme : « Eh quoi ! madame, vous allez oser cela ! » Et quand Tartuffe paraît, il est accueilli avec quelque pitié. C'est le seul moment où il provoque une lueur d'intérêt ; la haine générale se détend. Au théâtre, où l'on est toujours du parti de la victime et contre la trahison, Molière a risqué ce périlleux déplacement de sympathie ! C'est téméraire !

Avec un art indéniable, il remet vite tout à sa place par la frayeur vertueuse d'Elmire, par la brutalité sensuelle de l'impur, par la confirmation comique de l'entêtement d'Orgon, par l'heureuse conclusion de l'incident et enfin par l'insolence de Tartuffe jetant le masque.

On ne sait que louer le plus : ou les procédés et les combinaisons scéniques, ou la puissance de la conception ; l'esprit reste confondu devant le génie de l'artiste, devant la hardiesse du satirique, du philosophe.

Et, pour comble de perfection, après cet éclat, l'intérêt, loin de faiblir, s'accroit. La comédie devient drame.

Le drame le plus poignant que jamais fournisseur patenté du boulevard du Crime ait osé.

Non-seulement Orgon est dépouillé, volé, mais il est aussi dénoncé comme criminel d'État. L'enjeu n'est plus le bonheur de Mariane, les biens, la maison, la fortune : c'est la liberté d'Orgon qui est compromise ; les crimes d'État ! cela coûte cher : la Bastille à perpétuité.

Aussi quelle angoisse sur ces visages, quelle stupeur gagne toutes les âmes, et quand Tartuffe revient, escorté de l'exempt, quelle péripétie émouvante ! Enfin avec le dénouement — point du tout grotesque, mais vraisemblable, historique, — quel soulagement, quelle satisfaction !

Comment M. Louis Veuillot peut-il en être arrivé à méconnaître tant de beautés ! Il n'a même pas des yeux pour voir ce qui devrait tout particulièrement le toucher ; je veux dire le dernier trait, qui est le couronnement de toute la pièce, et qui est vraiment chrétien dans une œuvre considérée comme anti-chrétienne.

Orgon, exaspéré de la fourberie de Tartuffe, se laisse aller à l'injurier, alors que l'imposteur est entre les mains de la justice ; Cléante retient son frère et lui dit :

> . . . . Ah ! mon frère, arrêtez !
> Et ne descendez point à des indignités.
> A son mauvais destin, laissez un misérable,
> Et ne vous joignez point au remords qui l'accable.

Souhaitez bien plutôt que son cœur, en ce jour,
Au sein de la vertu fasse un heureux retour ;
Qu'il corrige sa vie, en détestant son vice.

Traduction de M. Louis Veuillot :

« Cléante est là pour *débonder encore quelques sentences*. Il reprend Orgon, condamne son emportement, et lui conseille de se laisser plutôt *piper une seconde fois*, que de faire injure au vrai zèle. »

Est-il permis de travestir de la sorte un si admirable langage, une si profitable leçon ?

Oubli du mal, pardon, charité, voilà les derniers sentiments exprimés par ces personnages dans lesquels Molière a fait passer son âme généreuse et tendre.

Est-ce là le caractère d'une œuvre de haine ? Non.

La haine, elle n'est point dans la comédie : elle est dans le cœur des tartufes, des fanatiques ou des égarés.

VI

DÉFENSE DE MOLIÈRE

JUGEMENT DE BOURDALOUE

> C'est aux vrais dévots que je veux
> partout me justifier sur la conduite de
> ma comédie.
>> MOLIÈRE. Préface de *Tartuffe*.
>
> Il y a, dans le monde, des hypocrites, je
> le sais, et peut-être trop pour n'en pas
> gémir moi-même.
>> BOURDALOUE. Sermon sur la *Sainteté*.

Molière ne se contenta pas de faire représenter *Tartuffe*, il imprima sa pièce à ses frais (1) et mit

(1) Le *Tartuffe* ou l'*Imposteur*, comédie par J.-B. P. de Molière. Imprimé *aux despens de l'autheur*, et se vend à Paris chez Jean Ribou au Palais, vis-à-vis de l'église de la Sainte-Chapelle, à l'*Image Saint-Louis*, 1669, avec privilège du roi.

en tête une préface qui cause aux critiques bien pensants tout autant de tracas que la comédie elle-même.

Voyez comme elle préoccupe M. Veuillot, qui écrit :

« Sous prétexte de défendre ses intentions si pures, Molière enfonça et retourna le fer dans la plaie, au moyen de cette préface, sur laquelle nous revenons souvent, parce qu'on ne saurait trop l'étudier.

« Pour le talent et la *bonne foi* c'est une page des *Provinciales* dont elle est d'ailleurs une imitation. »

Cette assimilation — Sainte-Beuve l'avait déjà faite — de la *Préface* du *Tartuffe* aux *Provinciales*, mettrait à elle seule en goût d'y *revenir*, car nous sommes, à l'égard de Pascal, du sentiment de Racine, lequel défiait quiconque d'égaler l'auteur des *Petites Lettres*.

Donc, puisqu'on nous y convie, regardons de près « ce document considérable », cette *défense* de Molière.

La préface débute ainsi :

« Voici une comédie dont on fait beaucoup de bruit, qui a été longtemps persécutée. »

Et M. Veuillot de dire : « Molière commence par *crier* à la persécution. »

Molière ne *criait* pas à la persécution ; il la *constatait* simplement ; et celle-ci n'a-t-elle donc pas continué sans relâche jusqu'à aujourd'hui, depuis le curé Roulés jusqu'à M. Veuillot ?

En face de ces attaques, que réclame Molière ?

Il conjure de tout cœur les *vrais dévots* de se défendre de toute prévention et d'examiner de bonne foi sa comédie.

On verra alors :

« Que *mes intentions y sont partout innocentes*, et qu'elle ne tend *nullement* à jouer les *choses que l'on doit révérer ;* que je l'ai traitée avec toutes les précautions que demandait la délicatesse de la matière ; et que j'ai mis tout l'art et tous les soins qu'il m'a été possible, pour bien distinguer le personnage de l'hypocrite d'avec celui du vrai dévot. J'ai employé pour cela deux actes entiers à préparer la venue de mon scélérat. Il ne tient pas un seul moment l'auditeur en balance ; on le connaît d'abord aux marques que je lui donne, et d'un bout à l'autre il ne dit pas un mot, il ne fait pas une action qui ne peigne aux spectateurs le caractère d'un méchant homme, et ne fasse éclater

7.

celui du véritable homme de bien que je lui oppose. »

Tout cela ne paraît pas sincère à M. Veuillot, qui y trouve un peu de « faux clins d'yeux et d'élans affectés. » — « Est-ce que, dit-il, l'auteur du *Tartuffe* ne fait pas trop de protestations, n'a pas trop la main sur la conscience, etc., etc.? »

Sur ma foi, mon maître, vous êtes difficile à contenter; c'est une pratique bien inquisitoriale que de considérer les protestations d'innocence comme marques de culpabilité.

Puis, précisant davantage, Molière ajoute :

« On me reproche d'avoir mis des termes de piété dans la bouche de mon imposteur. Et pouvais-je m'en empêcher pour bien représenter le caractère d'un hypocrite? Il suffit, ce me semble, que je fasse connaître les motifs criminels qui lui font dire les choses, et que j'en aie retranché les termes consacrés dont on aurait eu peine à lui entendre faire un mauvais usage. » (1)

« — Mais il débite, au quatrième acte, une morale pernicieuse. — Mais cette morale est-elle

---

(1) Molière fait allusion au vers qu'il avait mis dans la bouche de Tartuffe (acte 3, scène 7) :

O Ciel ! pardonne-lui comme je lui pardonne !

quelque chose dont tout le monde n'eût les oreilles rebattues? Dit-elle rien de nouveau dans ma comédie? »

Molière fait valoir dans ce qui précède un argument bien... innocent.

O grands hommes, vous êtes tous les mêmes; profonds observateurs quand vous pénétrez autrui ou contemplez les farces que les humains jouent devant vous: simples et aveugles quand vous êtes personnellement en cause.

Quoi! l'auteur de *Tartuffe* croit se faire absoudre en disant qu'il met dans la bouche de l'hypocrite les préceptes que les casuistes les plus « détestables » débitaient couramment.

Mais, naïf de génie, — à moins pourtant qu'il ne soit un malin de génie, — tu ne comprends donc pas que c'est là ton imprudence, ton crime?

Comment! Pascal vient de mourir, les Jésuites respirent; le vulgarisateur et les approbateurs de la *Dévotion aisée* sont presque remis de la volée que leur a appliquée l'auteur des *Provinciales;* Port-Royal n'est plus aussi à craindre, il n'est que martyr; et voilà, *bouffon,* que tu reprends l'œuvre interrompue par la mort, par la persécution; voilà que tu remues les cendres encore chaudes et que tu ravives le brasier; voilà que tu montres aux chandelles un disciple de ces casuistes, que tu le fais parler devant le public et que tu exposes, lui et ses préceptes, aux huées du public!

Tu saisis ces matières, qui, comme l'avait dit Pascal, *méritent d'être jouées et moquées*, et tu t'en moques, et tu les joues ! Tu mets les *Provinciales* en comédie. Poquelin, gare à toi !

Tant que tu ne t'en prendras qu'aux précieuses, aux marquis, aux médecins, aux cocus, les précieuses, les marquis, les médecins, même les cocus, souffriront doucement qu'on les représente ; mais t'attaquer aux hypocrites, c'est de la démence, et tous « vont s'armer contre toi avec une fureur épouvantable. »

Ils se sont bien reconnus quand ils ont entendu ces vers :

> Je puis vous dissiper ces craintes ridicules,
> Madame, et je sais l'art de lever les scrupules.
> Le ciel défend, de vrai, certains contentements;
> Mais on trouve avec lui des accommodements.
> Selon divers besoins, il est une science
> D'étendre les liens de notre conscience,
> Et de rectifier le mal de l'action
> Avec la pureté de notre intention.
> . . . . , ...
> Et si je me résous à recevoir du père
> Cette donation qu'il a voulu me faire,
> Ce n'est, à dire vrai, que parce que je crains
> Que tout ce bien ne tombe en de méchantes mains.

A propos de ces vers, Saint-Beuve fait cette observation :

« Tartuffe, évidemment, a lu et digéré la septième Provinciale ; il sait sa théorie. »

Le rapprochement de Sainte-Beuve est ingénieux au fond : toutefois, en la forme, il y a une légère inexactitude.

Ce n'est pas dans les Lettres de Pascal que Tartuffe a puisé ses préceptes de *dévotion aisée,* c'est à la source même, dans la collection des traités de morale publiés par certains (1) Pères jésuites du temps.

Dans ces traités, Tartuffe trouvait, par exemple, ceci :

« Il est permis de boire et de manger tout son soûl sans nécessité, et pour la seule volupté,

---

(1) Pascal écrit, en sa *cinquième lettre,* qu'il y avait dans la Société deux sortes de casuistes : *beaucoup* de relâchés et *quelques-uns* de sévères. En s'appuyant sur Pascal, il faut cependant avoir le soin de faire le décompte des entraînements de la polémique et des ardeurs d'une lutte si vive. Or, nous n'y manquerons pas dans ce livre, où nous *défendons Molièr* et n'*attaquons* aucune croyance, aucun parti.

« *Il n'est pas besoin d'être indifférent pour être impartial* » vient de dire excellemment Paul Féval, dont la récente conversion a ajouté aux publications catholiques deux volumes : *Récit d'une conversion* et *Jésuites.*

pourvu que cela ne nuise point à la santé ; parce qu'il est permis à l'appetit naturel de jouir des actions qui lui sont propres. La gourmandise ne serait *péché véniel* que si, sans aucune nécessité, on se *gorgeoit* du boire et du manger jusqu'à vomir (1). »

Et alors, le *pauvre homme*, mangeait à son souper, *lui tout seul*, « deux perdrix avec une moitié de gigot en hachis. »

Et puis, ceci :

« Bien que la femme ait connaissance du mauvais effet que sa diligence à se parer opérerait et au corps et en l'âme de ceux qui la contempleraient ornée de riches et précieux habits, elle ne pécherait néanmoins en s'en servant (2). »

C'est pourquoi Tartuffe complimente Elmire sur son collet en dentelle et tâte l'étoffe moelleuse de l'habit.

Enfin :

« Le bon amour fait les bonnes amitiés, le mauvais fait les mauvaises. Le bon amour, néanmoins, n'est pas immobile et gelé, comme quelques-uns le croient ; il est plus actif et a plus de

(1) *Escobar*, nos 102 et 56.

(2) Père Bauny, en sa *Somme des Péchés*, c. 46, p. 1094.

feu que l'autre, mais il agit de concert et de mesure....

« Il ne peut y avoir de péril dans les amitiés qui sont aussi pures que celle des Palmes qui s'aiment sans se toucher ; que celle des Chérubins de l'Arche qui ne s'approchaient que du bout des ailes (1). »

En vertu de quoi, Tartuffe murmurait à Elmire :

> Mais enfin, je connus, ô beauté tout aimable,
> Que cette passion peut n'être point coupable,
> Que je puis l'ajuster avecque la pudeur.

Oui, toutes ces similitudes sautaient aux yeux des hypocrites, et ceux-ci craignaient que les comparaisons ne devinssent personnelles ; Molière fut donc attaqué, comme l'avaient été les solitaires de Port-Royal. Seulement le Roi, cette fois, se rangea du côté du comédien : ce qui changea le résultat.

La campagne eût même été vite terminée, si, de bonne foi, des âmes pieuses n'étaient venues grossir intempestivement et maladroitement les rangs des ennemis de Molière.

Trompées par l'apparence et les suggestions intéressées, elles se mirent à redouter « qu'on fît

____

(1) La *Dévotion aisée*, liv. II, ch. XIII.

concevoir d'injustes soupçons de la vraie piété par de malignes représentations de la fausse. »

Ah ! nous accordons à Bossuet, à Bourdaloue, à M. Veuillot, que des scrupules pouvaient naître facilement dans les consciences, rien que par la nature du sujet : il y avait dans la conception du poète un danger pour l'Église, pour la foi. Mais, avec honnêteté, ou, si vous ne voulez pas aller si loin, avec habileté, Molière a pris soin de le conjurer.

Comme M. Veuillot critique dans le chapitre suivant les termes de la classification des dévots faite par Molière, nous renvoyons audit chapitre l'analyse des traits qui caractérisent ces deux catégories d'individus ; mais, ce qui est essentiel à constater ici, c'est que l'auteur de *Tartuffe* a marqué de la manière la plus solennelle, la plus précise, la distinction qu'il établit entre l'hypocrisie et la dévotion.

Dès le premier acte, bien avant l'apparition de Tartuffe, le poète fait connaître le personnage, le programme de la comédie, le plan de l'action.

Il accumule les avertissements pour que le parterre sache où il va, qui il voit.

Premier avertissement, dès la première scène :

DORINE.

Il passe pour un Saint dans votre fantaisie,
Tout son fait, croyez-moi, n'est rien qu'hypocrisie.
. . . . . . A lui, non plus qu'à son Laurent,
Je ne me fierais, moi, que sur un bon garant.

Deuxième avertissement. La servante raconte l'ordinaire de l'hôte d'Orgon, et montre ce goinfre, cet égoïste : .

. . . . Contre tous les maux fortifiant son âme,
Pour réparer le sang qu'avait perdu madame,
Buvant à déjeuner quatre grands coups de vin.

Troisième avertissement :

CLÉANTE.

Hé quoi ! vous ne ferez nulle distinction
Entre l'hypocrisie et la dévotion ?
. . . .

Je ne suis point, mon frère, un docteur révéré,
Et le savoir chez moi n'est pas tout retiré.
Mais, en un mot, je sais, pour toute ma science,
Du faux avec le vrai faire la différence.

Quatrième avertissement : « Quelles sont les pratiques de la fausse dévotion et celles de la vraie dévotion ? Là, deux tableaux qui seront mis tout à l'heure en pleine lumière (1).

(1) Voir Chap. VII, p. 136.

Cinquième avertissement :

CLÉANTE.

Votre homme (Tartuffe), à dire vrai, n'est pas de ce modèle
(Du modèle des vrais dévots.)

On est surabondamment édifié... et encore je néglige bien d'autres... avis au public.

Avant la lecture ou la représentation il était permis de craindre ; l'œuvre une fois connue, jouée, toute inquiétude devait disparaître, et s'il restait quelque doute sur les *intentions* de l'auteur la *Préface* le dissipait.

Pourquoi donc, après tant de temps écoulé — plus de vingt ans —, Bourdaloue accuse-t-il Molière de jeter artificieusement la confusion dans les esprits ?

C'est un procès de tendance.

« Comme la fausse piété et la vraie ont je ne sais combien d'actions qui leur sont communes ; comme les dehors de l'une et de l'autre sont presque tout semblables, il est non-seulement aisé, mais d'une suite presque nécessaire, que la même raillerie qui attaque l'une intéresse l'autre, et que les traits dont on peint celle-ci défigurent celle-là, à moins qu'on n'y apporte toutes les précautions d'une charité prudente, exacte, et bien intentionnée, ce que le libertinage n'est pas en position de faire. Et voilà, chrétiens, ce qui est arrivé, lorsque des esprits profanes, et bien éloignés de vouloir entrer dans les intérêts de Dieu, ont entrepris de censurer l'hypocrisie, non point pour en réformer l'abus, ce qui n'est point de leur ressort, mais pour faire une espèce de diversion dont le libertinage pût profiter, en concevant et faisant concevoir d'injustes soupçons de la vraie piété par de malignes représentations de la fausse. Voilà ce qu'ils ont prétendu, exposant sur le théâtre et à la risée publique un hypocrite imaginaire, ou même, si vous voulez, un hypocrite réel, et tournant dans sa personne les choses les plus saintes en ridicule, la crainte des jugements de Dieu, l'horreur du péché, les pratiques les plus louables en elles-mêmes et les plus chrétiennes. Voilà ce qu'ils ont affecté, mettant dans la bouche de cet hypocrite *des maximes de religion faiblement soutenues, au même temps qu'ils les supposaient fortement attaquées;* lui faisant blâmer les scandales du siècle d'une manière extravagante; le représentant consciencieux jusqu'à la délicatesse et au scrupule sur des points moins importants, où toutefois il le faut être, pendant qu'il se portait d'ailleurs aux crimes les plus énormes ; le montrant sous un visage de pénitent, qui ne servait qu'à couvrir ses infamies (1). »

M. Veuillot admire le *jugement* de Bourdaloue. Ce jugement est discutable et révisable en toutes ses parties, dans chaque considérant, car il admet la mauvaise foi, sans la prouver.

Voilà le cas de rappeler que pour les vrais dévots :

> L'apparence du mal a chez eux peu d'appui,
> Et leur âme est portée à juger bien d'autrui.

Oui, sauf le passage qui vise les *maximes de religion faiblement soutenues* — vous voyez que c'était bien comme continuateur de Pascal qu'on poursuivait Molière, — toutes les articulations manquent de fondement.

C'est à cause de cette absence totale de preuves à l'appui de la sentence qu'on a pu insinuer et écrire que « Bourdaloue, occupé des saints travaux d'un ministère dans lequel il eut souvent l'éloquence de Démosthène, s'en était rapporté sur la comédie de Molière aux cris et aux déclamations d'une cabále qui l'avait rempli de son zèle amer. » (2)

---

(1) Dominicales. 7ᵉ dimanche après la Pentecôte, *sur l'Hypocrisie*, 1ʳᵉ partie, t. VI.

(2) Bret.

L'hypothèse nous semble inadmissible (1).

Bornons-nous à regretter que le sévère Bourdaloue n'ait pas examiné moins superficiellement l'*œuvre* et la *défense* avant de juger et de tonner.

Un prédicateur ne doit pas se contenter de « frapper comme un sourd », il doit frapper juste et justement.

(1) Un prêtre, M. l'abbé A. Hurel, dans son livre : *Orateurs sacrés à la cour de Louis XIV,* en a fait une autre que nous n'eussions jamais risquée : Bourdaloue — dit-il — se trouvait presque forcé à cette sortie par la condamnation publique prononcée dans des termes presque identiques par l'archevêque de Paris, Harlay de Champvallon, lequel pouvait craindre d'être reconnu dans le personnage que le poète remettait alors en scène sous le nom de l'*Imposteur.*

Nous, laïque, nous ne supposons pas qu'un prêtre — Bourdaloue! — consente à servir dans la chaire un intérêt privé, et d'ailleurs M. l'abbé Hurel commet une erreur qui détruit son allégation : Le mandement d'interdiction est de l'archevêque Hardouin.

VII

LES DÉVOTS DE CŒUR

Si je me sauve, je devrai mon salut
au *Tartuffe*. La dévotion est si raisonnable dans la bouche de Cléante qu'elle
me fait renoncer à toute ma philosophie.

Saint-Évremond.

Celuy qui a pénétré la Cour connaît
ce que c'est que *vertu* et ce que c'est
que *dévotion* ; il ne peut plus s'y tromper.

La Bruyère. *De la mode.*

Bourdaloue aimait Boileau, lisait ses vers et les appréciait (1).

____

(1) « Je fis de ses sermons mes plus chères délices ;
    Mais lui, de son côté, lisant *mes vains caprices* (!)
    Des censeurs de Trévoux n'eut point pour moi les yeux.
    Ma franchise surtout gagna sa bienveillance ;

J'ai idée que le prédicateur a dû trouver fort sensés les conseils donnés par l'auteur de l'*Art Poétique*, et dont, même dans la chaire, il pouvait faire son profit :

Ne faites point parler vos acteurs au hasard,
Un vieillard en jeune homme, un jeune hommè en vieillard.
Étudiez la cour et connaissez la ville.

Oui, une des règles de l'art oratoire comme de l'art dramatique est d'approprier le ton et les sentiments avec le milieu, le temps et les caractères.

Son ardeur de chrétien a empêché M. Veuillot de se souvenir de ces règles de la logique. Certes, il se garderait bien de vouloir que Bourdalouc parlât dans la chaire comme un personnage de comédie ; mais pourquoi s'étonner que Molière n'ait point mis dans la bouche de Cléante le langage d'un théologien et d'un confesseur ?

Tout le chapitre des *dévots de cœur* tend à démontrer que Bourdaloue est plus orthodoxe que

Enfin, après Arnauld, ce fut l'illustre en France
Que j'admirai le plus, et qui m'aima le mieux. »

Les relations de Bourdaloue et de Boileau sont piquantes. Le prédicateur et l'écrivain se disputaient sans cesse ; Bourdaloue étant « d'une grande vivacité d'humeur », et Boileau non moins vif, et, de plus, grondeur. (Voir sur ce sujet l'étude de M. Anatole Feugère sur Bourdaloue, p. 27 à 30.)

Molière. — Belle trouvaille ! — Eh quoi ? les spectateurs du Petit-Bourbon, du Marais et du Palais-Royal auraient-ils toléré le prêche ? Je n'ignore pas que La Bruyère nous révèle qu'au dix-septième siècle « *le discours chrétien* était devenu un *spectacle*, une sorte d'amusement entre mille autres, un jeu où il y a de l'émulation et des parieurs (1) »; mais la réciproque n'était pas vraie ; quand un « clerc » versait ses *quinze sols* au receveur de la comédie, ce n'était point pour être catéchisé, évangélisé.

Ah ! le joli succès qu'eût obtenu Cléante, s'il eût été assez mal inspiré pour débiter, au lieu de sa tirade vive et claire, les sermons de Bourdaloue en trois points sur la *vraie et fausse piété*, et sur l'*hypocrisie !*

Eh bien ! cependant si c'est cela que M. Veuillot voulait... qu'il soit heureux !

Heureux... et confus !

Heureux, car le prédicateur et le poète comique ont dit presque identiquement les mêmes choses : il semble parfois — profanation et anachronisme ! — que Molière a mis Bourdaloue en vers.

____

(1) De la Chaire. *Les Caractères.*

M. Veuillot n'a donc pas imaginé de comparer les deux textes?

Accomplissons pour lui ce travail, qui, s'il ne convertit pas l'ennemi de Molière, causera, j'ose le préjuger, une douce joie à ceux qui plaignent la victime de Bossuet et de Bourdaloue.

Bourdaloue :

« Je soutiens (1) qu'un chrétien n'a jamais de sujet légitime pour craindre qu'on le mette au rang des hyprocrites et des faux dévots. Pourquoi? parce qu'il lui est *aisé*, pour peu qu'il fasse de réflexion sur sa conduite, de se garantir de cette tache. »

CLÉANTE.

Mais les dévots de cœur sont *aisés* à connaître.

Bourdaloue :

« Il sait fort bien comment il peut servir Dieu de telle sorte que le monde même soit *convaincu* de sa droiture. »

CLÉANTE.

Notre siècle, mon frère, en expose à nos yeux,
Qui peuvent nous servir d'exemples glorieux :

(1) Citations tirées du sermon *sur l'Hypocrisie*, édition Gaume, vol. III, p. 86.

Regardez Ariston, regardez Périandre,
Oronte, Alcidamas, Polidore, Clitandre ;
Ce *titre* par *aucun* ne leur est *débattu*.

Bourdaloue :

« Quoiqu'en matière de religion, il y ait eu, en tout temps, de l'artifice, quoiqu'il soit vrai que les apparences sont trompeuses, quoique le discernement en soit *quelquefois* difficile, et que les hommes s'y laissent assez souvent tromper, il faut, après tout, convenir que la vraie vertu a certains traits *éclatants* où elle se fait *bientôt* connaître.

« C'est un modèle qui ne peut être si bien contrefait, qu'il ne se distingue toujours de ses copies. »

CLÉANTE.

Je ne suis point, mon frère, un docteur révéré,
Mais en un mot, je sais, pour toute ma science,
Du *faux* avec le *vrai* faire la différence.

Voilà qui commence assez bien !

Quels sont maintenant les caractères de la *vraie* dévotion d'après Bourdaloue ?

Ce sont :

1° L'humilité sans affectation ;

2° Charité sans exception et sans réserve ;

3° Un désintéressement réel et parfait ;

4° Une égalité uniforme dans la pratique du bien ;

5° Une soumission paisible dans la souffrance.

Comment Cléante dépeint-il Ariston, Périandre, etc?

1° *Humilité :*

Ce ne sont point du tout fanfarons de vertu.
On ne voit point en eux ce faste insupportable.
Ils ne censurent point toutes nos actions :
Ils trouvent *trop d'orgueil* dans ces corrections.

2° *Charité :*

... Leur dévotion est *humaine* et *traitable*.
L'apparence du mal a chez eux peu d'appui,
Et leur âme est portée à juger bien d'autrui.
. . . .

Jamais contre un pécheur ils n'ont d'acharnement,
Ils attachent leur haine au péché seulement.

3° *Désintéressement :*

Point de cabale entre eux, point d'intrigues à suivre,
On les voit, pour tous soins, se mêler de bien vivre.

4° *Pratique du bien :*

... Laissant la fierté des paroles aux autres,
C'est par leurs actions qu'ils reprennent les nôtres.

5° *Soumission* :

> Non, non, *ils font* toujours ce que le Ciel prescrit
> Et d'aucun autre soin ne *se brouillent* l'esprit.

Voyons, à présent, les portraits du faux dévot par le peintre laïque et le peintre religieux !

Bourdaloue (1) :

« Les pécheurs par hypocrisie contrefont la piété des justes. Piété toute superficielle, toute sur le visage, et rien dans le cœur. Mais à quoi le Sauveur du monde les comparaît-il ? A des *sépulcres blanchis.* »

CLÉANTE.

> Aussi ne vois-je rien qui soit plus odieux
> Que le *dehors plâtré* d'un zèle spécieux ;
> Que ces francs charlatans, que ces dévots de place,
> De qui la sacrilège et trompeuse grimace
> Abuse impunément et se joue à leur gré
> De ce qu'ont les mortels de plus saint et sacré.

Jésus-Christ dit : *Sépulcres blanchis.* Molière : *Dehors plâtré.* Le *bouffon* a lu l'Evangile.

Bourdaloue (2) :

« Vous savez, chrétiens, ce qui se pratique, et

(1) *Sur la Vraie et Fausse Piété.*
(2) Dominicales. *Sur l'Hypocrisie.*

8.

l'expérience du monde vous l'aura fait connaître bien mieux qu'à moi. Qu'un homme artificieux ait une mauvaise cause, et qu'il se serve avec adresse du voile de la dévotion, dès là il trouve des solliciteurs zélés, des juges favorables, des patrons puissants, qui, sans autre discussion, portent ses intérêts, quoique injustes, et qui, sans considérer le tort qu'en souffriraient de malheureuses parties, croient glorifier Dieu en lui donnant leur protection et en l'appuyant. Que sous ce déguisement de piété un homme ambitieux et vain *prétende à un rang dont il est indigne* et qui ne lui est pas dû, dès là il ne manque point d'amis qui négocient, qui intriguent, qui briguent en sa faveur, et qui ne craignent ni d'exclure pour lui le plus solide mérite, ni de se charger devant Dieu des conséquences de son peu d'habileté : pourquoi? parce qu'ils sont pour ainsi dire fascinés par le charme de son hypocrisie. »

CLÉANTE.

Ces gens qui, par une âme à l'intérêt soumise,
Font de dévotion, métier et marchandise,
Et veulent acheter crédit et dignités
A prix de faux clins d'yeux et d'élans affectés ;
Ces gens, dis-je, qu'on voit, d'une ardeur non commune
Par le chemin du Ciel *courir à la fortune.*

Bourdaloue (1) :

« Enfin, qu'un homme violent et passionné, mais en même temps hypocrite, exerce des vexations, suscite des querelles, *trouble par ses entreprises le repos de ceux qu'il lui plaît d'inquiéter*, et qu'en tout cela il fasse le personnage dévot, dès là il est sûr d'avoir des âmes dévouées qui loueront son procédé, qui blâmeront ceux qu'il opprime, et qui, ne jugeant des choses que par cette première vue d'une probité fausse et apparente, justifieront les passions les plus visibles, et condamneront la vertu même. »

CLÉANTE.

Ils savent ajuster leur zèle avec leurs vices,
Sont prompts, vindicatifs (2), sans foi, pleins d'artifices,
Et, pour perdre quelqu'un, couvrent insolemment
De l'intérêt du Ciel leur fier ressentiment.

N'avais-je pas motif de dire — et ce ne sont pas les seuls rapprochements possibles — que le *poète* et l'*apôtre* ont été inspirés de même façon ?

Un malicieux crierait au plagiat !

(1) Même sermon.

(2) Bourdaloue. « L'hypocrite veut-il *pousser une vengeance*, rien ne lui résiste. » (*Sur la Vraie et Fausse Piété*.)

Je rétracte donc bien haut ce que j'ai eu la faiblesse d'écrire en tête de ce chapitre, par vénération pour Boileau et pour les choses sacrées.

C'est décidément un sermon que Cléante débite, et je suis forcé de reconnaître que la chaire peut, parfois, être transportée utilement, honnêtement, sur la scène.

En résumé, de deux choses l'une : ou Bourdaloue n'est point orthodoxe, ou Molière a bien défini ce que sont la vraie et la fausse piété, le vrai et le faux dévot.

Il vous plaît de ne pas vous rendre à l'évidence... il vous accommode de vous tenir pour offensés ! A votre gré.

C'est ainsi qu'agit un certain bourgeois de Paris après la représentation de *Sganarelle* ou le *Cocu imaginaire*. Il voulait absolument que ce fût lui dont Molière s'était joué, dans cette pièce. On avait beau lui affirmer le contraire, — d'autant plus que les malheurs de ce tenace étaient, paraît-il, fort réels, — l'original n'en démordait pas.

Cet exemple ne vaut pas d'être suivi par les défenseurs de la religion.

Si c'est, de leur part, une tactique, elle est maladroite.

M. Veuillot veut-il me permettre, à ce propos, une observation toute personnelle?

Comme je n'ai point la prétention de croire que mon nom ait jamais attiré son regard, je lui apprendrai que j'appartiens à un groupe de professeurs libres, qui cherchent à populariser, dans les Matinées littéraires fondées par M. Ballande, les chefs-d'œuvre de notre littérature nationale, aussi bien ceux de la chaire chrétienne que ceux de la chaire comique (1).

Dans l'une de ces Matinées, à la réelle satisfaction d'un public intelligent — quoiqu'il fût *du dimanche* —, M. Ballande a fait dire par un comédien, excellent diseur, des fragments d'Oraisons funèbres de Bossuet. Cette audition avait été précédée d'un Éloge de Bossuet — oui, *un Éloge!* — par... — M. Veuillot, vous allez frémir! — par... mon confrère, M. Francisque Sarcey.

On peut écrire dans le journal d'Edmond About et admirer le génie de Bossuet.

(1) « Il s'est trouvé, parmi la génération à laquelle j'appartiens, des fous pour affirmer que, pour inventer, il fallait nier le passé. Peut-être est-il temps qu'il s'en rencontre pour dire et répéter que le présent et l'avenir sont fils « de ce qui fût », et que c'est à nos grands hommes d'hier qu'il faut demander de forger, d'inspirer, de créer les hommes de demain.»
(Jules Claretie. *Sur Molière.*)

Dans la chaire laïque, où nous enseignons le culte du beau, j'ai, naturellement, eu à parler de *Tartuffe*.

A quoi me suis-je appliqué? A dégager le plus possible l'auditoire des préoccupations politiques, religieuses, dont on se plaît trop — les gens pieux comme les libres-penseurs — à farcir l'esprit du public en face de *Tartuffe*. Laissant de côté la *bataille de Tartuffe,* qui a eu tant d'historiens — notamment M. Deschanel —; ne cherchant point la popularité dans la lutte facile avec le *cléricalisme*, je m'attachais à faire admirer l'œuvre par ses mérites purement littéraires. J''élevais l'âme de mes auditeurs au-dessus des passions sociales, et je ne leur inculquais que la passion de notre langue si merveilleuse, de notre esprit français si charmant, si gracieux et si souple. J'enlevais tout le fiel que vous prétendez être dans ces vers, qui, s'ils sont *enfiellés*, l'ont été par les dévots seulement; je ne versais à mes fidèles que le suc de cette poésie tant vantée par Boileau. Aussi, grâce à cette préparation, *Tartuffe* n'était plus une machine de guerre contre l'Église : c'était bien pour les *gens de petite rente et de petit négoce,* ou *autres*, ce que Molière avait voulu composer : une satire contre les hypocrites. Il n'y avait plus dans les cinq actes des *mystères* d'iniquité. Ces braves gens s'amusaient franchement, sans arrière-pensée, sans se croire des *voltairiens* hardis, sans afficher des allures libertines, et sans crainte d'être damnés.

N'est-ce pas plus sain, plus juste et plus utile?

Encore une fois, la tactique qui consiste à transformer *Tartuffe* en une œuvre de démolition est inhabile. Le suprême avantage de l'art est de tout purifier et de tout moraliser.

Mieux vaut admirer que haïr.

VIII

LE MISANTHROPE

───────

> L'Europe regarde *le Misanthrope* comme
> le chef-d'œuvre du haut comique.
>
> VOLTAIRE.
>
> Nulle, parmi les pièces de Molière, ne
> donne plus à penser.
>
> E. RAMBERT.

La tête de Cléante ne suffit pas à M. Louis
Veuillot ; il lui faut aussi celle d'Alceste.

C'est la décapitation successive des plus beaux
personnages du théâtre de Molière ; c'est une exécution des hautes œuvres !

Alceste !

Alceste, qui, depuis deux siècles, fait vibrer
de sympathie le cœur de tant d'amants dédaignés

ou trahis ; Alceste, devant lequel le rire s'arrête et se change en émotion ; Alceste, qu'aiment toutes les âmes sensibles ; Alceste, dont M. de Montausier, l'honnête homme de la cour, s'honorait d'être le modèle ; Alceste, qui impose, même à ses plus vifs ennemis, « un respect dont ils ne peuvent se défendre (1) » ; Alceste est considéré par M. Veuillot comme un *fou*, un *lâche,* un *égoïste*, un *orgueilleux*, un FAUX AMOUREUX, un *faux héros*, un *faux dévot…* La mesure est comble, et « qu'en termes galants ces choses-là sont mises ! »

Mais quels péchés Alceste a-t-il donc commis pour être traité plus mal que Tartuffe?

Aurait-il médit « de la dévotion aisée », ou prêté à des « confusions dangereuses pour la religion ? »

Point du tout !

Il est vrai que, suivant M. de Laprade, Alceste « tend déjà la main aux philosophes du dix-huitième siècle », et qu'on en a fait l'ancêtre de Jean-Jacques Rousseau. Toutefois, M. Veuillot déclarant, d'un autre côté, « qu'il serait possible de le mener à confesse, et, pourvu qu'il ne tournât pas au jansénisme, de le rendre chrétien »,

_____

(1) J.-J. Rousseau.

il faut chercher un autre motif à ce débordement d'épithètes injurieuses.

Indirectement, c'est encore la Raison de Religion.

C'est l'auteur de *Tartuffe* qui est insulté en la personne d'Alceste.

Pour ruiner l'œuvre, il est important de discréditer l'homme.

Eh quoi ! ce *bouffon* a l'audace de se mettre dans la peau d'un « juste », d'un « homme de bien », et d'y entrer si complétement, que la postérité confond l'auteur avec le personnage !

Dans le court espace de huit années—de 1658, date de son établissement dans Paris, à 1666, date de la première représentation du *Misanthrope* — Molière a franchi toute la distance qui sépare Alceste de Sganarelle.

Enjambées de géant vers les sphères morales les plus élevées.

Dès le dix-septième siècle, Molière en bénéficia.

Sa figure s'éclaira peu à peu des rayons de ses chefs-d'œuvre ; elle prenait la sévérité des types que le comédien personnifiait ; les traits des Mascarille, des Gros-René, des Scapin, des Sganarelle, s'effaçaient pour laisser paraître ceux des Ariste, des Chrysale, des Cléante, des Alceste.

Mais cet effet se produit surtout à mesure que le temps s'écoule, que la perspective s'allonge, que l'horizon s'étend. L'image se fixe à l'apogée de la gloire, et c'est de là qu'elle se reflète à travers les siècles. Aujourd'hui, les esprits ne se représentent plus Molière autrement que sous le costume de l'homme aux rubans verts, ou bien le front couronné de lauriers. Il n'y a que les érudits et les curieux qui connaissent les portraits de Molière en Sganarelle, même en Orgon.

Voilà ce que les dévots de cœur, les ennemis de Molière et du théâtre ne sauraient constater sans impatience, sans dépit.

Alceste-Molière est une trop grande puissance : qu'un fer sacré extermine Alceste, et du même coup Molière.

Et c'est pourquoi l'on ne se borne pas à nier un chef-d'œuvre ; on continue la besogne, et l'on s'attaque au *Misanthrope*.

N'ayant plus, en cette entreprise, l'aide des Sermons de Bossuet et de Bourdaloue, M. Louis Veuillot, qui suffirait pourtant à la tâche, s'adresse à un « théologien », et l'appelle à son aide.

Tout d'abord, « le théologien » est fort empêché ; il ne connaît que *de nom* Molière et ses œuvres.

« On va jeter les hauts cris d'une telle ignorance, » ajoute, par parenthèse, M. Veuillot.

Cette ignorance est, au contraire, fort expli-
cable chez « un théologien. »

Ah! s'il s'agissait de quelque curé de paroisse
bien habitée — comme disent messieurs les be-
deaux — on trouverait peut-être singulier, mauvais, que ce curé n'eût jamais lu Molière, et ne
fût pas, dès lors, en état de rassurer la conscience
alarmée de quelque mondaine pénitente, abonnée
des mardis de la *Comédie Française* : on pourrait même lui donner respectueusement le conseil de se résigner, comme Bourdaloue, à cette
lecture.

Mais « un théologien » a le droit d'ignorer jusqu'au nom de Molière, qui ne lui sert de rien, tout
aussi bien que les spectateurs de Molière sont
excusables d'ignorer le nom de théologiens qui
ne leur serviraient pas beaucoup.

Donc « le théologien (1) » lit le *Misanthrope*,
— rien que cette pièce? — et débite ensuite son
feuilleton.

(1) Ce théologien me paraît de fantaisie, comme l'un de ces
personnages que Pascal, dans les *Provinciales*, amène pour
les besoins de la discussion. Ce qui faisait dire fort malicieu-
sement à Racine : « Semble-t-il que les *Lettres provinciales*
soient autre chose que des Comédies? »

Écoutons :

« Tous ces gens-là sont des mauvais sujets plus ou moins facétieux, plongés dans l'intrigue, et peu retenus en leur langage. Alceste n'est qu'un vertueux du paganisme, de ceux qu'on appelle Socrate, Bias, Diogène, etc., mêlé d'une forte partie de ce pharisien de l'Évangile qui prie debout dans le Temple, principalement occupé de rendre justice à ses vertus : *Non sum sicut cœteri hominum raptores, injusti, adulteri, velut etiam hic publicanus.* C'est un orgueilleux, et tout au fond un lâche qui aime d'une autre manière que les autres ses aises et ses commodités ; il a le cœur malade et ne veut ni souffrir ni appliquer de remède à la maladie de son cœur. Il fuit avec emphase, mais pour ne point combattre. Sa haine du monde n'est point la haine chrétienne, toujours pleine de charité. Le chrétien essaye ses forces, se trouve trop faible, et se retire par prudence ; un autre, plus affermi, vit au milieu des mondains en évitant également de leur ressembler et de leur nuire, et cherche à leur faire tout le bien qu'il peut ; un autre, tout à fait trempé pour la lutte, revêt l'armure sacrée, aborde intrépidement le péril et court après les hommes, non pour les larder d'épigrammes, de critiques injurieuses et de vexations, mais pour les éclairer et les sauver. Ainsi se réalise la parole de saint Paul :

« *Pietas ad omnia utilis est.* »

« Voilà ceux que le monde appelle volontiers des misanthropes. »

Vous avez entendu? La forme n'est guère d'un théologien : on sent le coup de pouce du journaliste ; mais le fond appartient bien à cette critique pieuse dont nous avons vu le vice à propos de *Tartuffe*.

Toujours le mélange, la confusion des genres.

De même que Bourdaloue voulait un Cléante prédicateur, — encore avons-nous prouvé que Cléante était le rival heureux du prêtre, — de même « le théologien » rêve un Alceste suivant saint Paul.

M. Veuillot trouve le *Misanthrope* une comédie *froide* : ce ne sera pas « le théologien » qui la rendrait fort comique.

Toutefois, s'il n'y a lieu d'espérer rencontrer chez un « théologien » un sens très-aiguisé des besoins et des nécessités du théâtre, on a le droit d'exiger beaucoup de sérieux et de soin dans l'examen du procès.

Or il est fort exposé aux erreurs, aux oublis, celui qui lit une fois, comme par méprise, une œuvre aussi touffue que celle de Molière : combien il échappe de détails !

Exemple : Le juge improvisé de Molière, le lecteur malgré lui, écrit :

« Alceste a le cœur malade et ne veut ni souffrir ni appliquer de remède à la maladie de son cœur. »

Ah ! Monsieur le théologien, toute la beauté, toute l'émotion de l'œuvre de Molière est au contraire dans cette lutte d'Alceste avec son cœur.

Et personne n'était plus propre que le mari d'Armande Béjart à reproduire toutes les phases d'une maladie qu'on n'analyse bien que lorsqu'on l'a éprouvée soi-même.

En effet, Molière a aimé, souffert, lutté comme Alceste, et c'est encore là, Monsieur, une source d'émotions à laquelle vous n'avez pu puiser durant votre lecture, puisque vous ignorez la vie de Molière.

M. Veuillot aurait dû vous conter les tortures de Molière et les plaintes que le pauvre comédien versait dans le sein d'un de ses amis, Chapelle.

Comme Chapelle lui faisait des reproches de sa faiblesse et lui disait « qu'il rougissait de le trouver si *incertain* » — c'est ce que vous pensez d'Alceste —, Molière réplique :

« Je vois bien que vous n'avez encore rien aimé, et que vous avez pris la figure de l'amour pour l'amour même. Je ne vous rapporterai point une infinité d'exemples qui vous feraient connaître la puissance de cette passion ; je vous ferai seulement un récit fidèle de mon embarras......... »

Et Molière narre toute l'histoire — regrettable — de son mariage, l'aventure du comte de Guiche avec sa femme et la résolution qu'il prit de vivre avec Armande « comme un honnête homme qui a une femme coquette et qui en est bien persuadé. »

Puis il reprend :

« Sa présence me fit oublier toutes mes résolutions, et les premières paroles qu'elle me dit pour sa défense me laissèrent si convaincu que mes soupçons étaient mal fondés, que je lui demandai pardon d'avoir été si crédule. *Mes bontés ne l'ont point changée.* Je me suis donc déterminé à vivre avec elle comme si elle n'était point ma femme ; *mais si vous saviez ce que je souffre, vous auriez pitié de moi......*

« Vous me direz sans doute qu'il faut être

poète pour aimer de cette manière ; mais, pour moi, je crois qu'il n'y a qu'une sorte d'amour, et que les gens qui n'ont point senti de semblables délicatesses n'ont jamais aimé véritablement...... »

« Quand je la vois, une émotion et les transports qu'on peut sentir mais qu'on ne saurait exprimer m'ôtent l'usage de la réflexion ; je n'ai plus d'yeux pour ses défauts, il m'en reste seulement pour ce qu'elle a d'aimable : n'est-ce pas là le dernier point de la folie, et n'admirez-vous pas que tout ce que j'ai de raison, ne serve qu'à me faire connaître ma faiblesse, sans en pouvoir triompher ? »

Voilà l'homme sur lequel « le théologien » écrit :

« La vertu d'Alceste et la sagesse de Philinte avortent par la même raison, par défaut d'amour »,

et dont M. Louis Veuillot dit :

« Son âme était sans amour ! »

Le *bon* amour, celui des Palmes et des Chérubins (1).... Ah ! évidemment.

(1) Voir page 123.

Mais revenons à la comédie du *Misanthrope*, et, serrant de près le texte, montrons combien est poignante et vraie cette étude du cœur d'un homme qui aime une femme indigne de lui.

D'abord Alceste prouve qu'il a médité sur les périls de sa flamme :

Non, l'amour que je sens pour cette jeune veuve
Ne ferme point mes yeux aux défauts qu'on lui treuve,
Et je suis, quelque ardeur qu'elle m'ait pu donner,
Le premier à les voir, comme à les condamner.

Dans sa première entrevue avec Célimène, — la première à laquelle nous assistions, — Alceste s'écrie :

Oui, je vous tromperais de parler autrement ;
Tôt ou tard, nous romprons indubitablement.
Et je vous promettrais mille fois le contraire,
Que je ne serais pas en pouvoir de le faire.
. . . .
Ah ! que si de vos mains je rattrappe mon cœur,
Je bénirai le ciel de ce rare bonheur !
Je ne le cèle pas, je fais tout mon possible
A rompre de ce cœur l'attachement terrible.

Le *fait* suit l'*intention*. Alceste brouillé avec Célimène tâche à concevoir du goût pour Éliante. La « sensible Eliante » se prête à ce manége qui, je ne le cèlerai point, m'a toujours paru des plus grotesques et d'une invention fort peu honorable pour le génie de l'auteur; mais Alceste ne tarde pas à revenir vers Célimène. Lorsque celle-ci, sûre de son empire, déclare à son amant qu'elle mérite d'être détestée : « *Hé! le puis-je, traîtresse!* » répond Alceste, attestant ainsi à la fois ses efforts et son impuissance.

N'est-ce point là *souffrir, combattre*?

J'avoue que cette souffrance n'est point la plus digne d'intérêt; qu'il en est dont la cause est plus noble (1). J'accorde que le combat est moins héroïque que ceux dans lesquels saint Antoine s'est illustré; mais à ceux qui ne voient pas la flamme d'Alceste et ne sont pas touchés par le spectacle de ses tortures on peut avec justice répéter les paroles de Molière : « Je vois bien que vous n'avez encore rien aimé. »

D'ailleurs, de concert, « le théologien » et

______

(1) Par exemple, la souffrance, qui a inspiré à M. Veuillot la belle élégie intitulée *le Cyprès*, jetée au milieu des violences de sa prose comme un chant triste et doux d'une âme en deuil :

> Biens que j'eus un instant et dont j'ai su le prix,
> Doux enfants, chaste épouse, ô gerbe moissonnée!
> O mon premier amour et ma première née,
>   Anges que le ciel m'a pris!
>
> La mère, en s'en allant, des agneaux fut suivie;
> L'une partit, puis l'autre! Avant qu'il fût deux mois,
> De mes tremblantes mains j'en ensevelis trois!...

M. Veuillot refusent à Molière la science de l'amour.

A l'égard du « théologien » qui assimile l'amour à la charité, il n'y a à répondre que ce que nous avons répondu à Bossuet, demandant qu'on remplace les spectacles par « une lecture de la loi de Dieu. »

De tels arguments ne sont point du domaine de la critique littéraire.

Mais M. Veuillot, qui est apte à traiter ces matières comme il convient entre gens d'étude et du monde, ne devrait point soutenir que :

« Molière n'a pas peint d'autre amour que l'amour violent et humiliant qui est à la fois la dépravation et le châtiment de la dépravation de l'amour ; honteux fardeau du cœur au lieu d'en être l'allégresse ; passion désespérée de la fange, haïe, pleine de mépris et de fureur, incurable même au dégoût. (1) »

Quelle hérésie et quelle ingratitude !

Ainsi, ô cher poète, méconnu, calomnié, c'est en vain que tu auras publiquement flétri le débauché Don Juan, le bestial Tartuffe, la courti-

____

(1) *Sic*

sane Dorimène, la sournoise Arsinoë, la coquette Célimène; c'est en vain que tu auras affirmé, par la bouche des Dom Louis, des Cléante, des madame Jourdain, des Alceste, l'excellence de la vertu; c'est en vain que tu auras dit aux petits marquis « qu'un gentilhomme qui vit mal est un monstre et vaut moins qu'un fils de crocheteur »; c'est en vain que tu auras célébré l'innocence, les douceurs de l'amour honnête, et déclaré « qu'il pousse les cœurs aux nobles actions »; c'est en vain que tu auras enfanté les Mariane, les Henriette, les Valère et les Clitandre, les jeunes filles les plus pures et les jeunes gens les plus dignement amoureux, tout cela ne t'est compté pour rien : tu es regardé comme un corrupteur se complaisant à barboter dans la fange, et n'inspirant que le dégoût!

Ah! le père Bouhours avait comme une divination de l'avenir, quand il composait, jésuite courageux, l'épitaphe du comédien :

Tu réformas et la ville et la Cour;
Mais quelle en fut la récompense?
Les Français rougiront un jour
De leur peu de reconnaissance.
Il leur fallut un comédien
Qui mit à les polir sa gloire et son étude;
Mais Molière, à ta gloire il ne manquerait rien,

> Si, parmi les défauts que tu peignis si bien,
> Tu les avais repris de leur ingratitude.

Donc, puisqu'ils ne s'en doutent point, il faut révéler à M. Veuillot, et surtout « au théologien », si peu instruit de la pensée de Molière, quel service le poète comique a rendu à la société pendant les années 1659 à 1673.

Molière, Messieurs, a tout simplement sauvé cette chose sainte qui s'appelle : LA FAMILLE.

La défense de l'amour pur, le salut de la famille furent la première préoccupation de Molière, dès son entrée sur la scène parisienne. Son coup d'essai était un coup de maître en morale : le 18 novembre 1659 il jouait : *les Précieuses ridicules*.

On ne considère les *Précieuses ridicules* que comme une sorte de *revue* amusante d'un des travers du temps. D'aucuns cependant accordent à ce « vaudeville » le mérite d'avoir servi le bon goût. Mais on ne remarque pas assez que le petit acte du petit comédien de province, tout fraîchement débarqué à Paris, frappa sur un abus plus terrible que celui du galimatias, l'abus de la galanterie et du romanesque.

Molière tira, non de la *fange* mais de la *ruelle*,

l'honnêteté qui mourait asphyxiée des *odeurs* de l'hôtel de Rambouillet ; il repêcha les vierges *imprudentes* qui se noyaient dans le fleuve du Tendre ; il osa, lui, obscur *farceur,* railler en face Mlle de Scudéri et piétiner sur les plates-bandes du jardin où, cultivant les fleurs de rhétorique avec encore plus de zèle que les œillets, la romancière avait écrit le *Grand Cyrus* et *Clélie.*

Le futur auteur de *Tartuffe* s'éleva contre ces relations équivoques entre *précieux* et *précieuses,* amitiés tant redoutées par Bourdaloue pour le maintien des bonnes mœurs :

« Eh bien ! disent-ils, quel mal y a-t-il à tout cela ? nous n'y en trouvons point, et nous n'y en cherchons point... Vous ne le voyez pas, mais c'est que vous ne le voulez pas voir... Il ne tient qu'à vous de vous en convaincre par deux réflexions les plus palpables, et qui sont sans réplique. La première est que ces conversations où engage une amitié sensible ne sont ni si longues ni si fréquentes que parce que le cœur y trouve du goût, et je ne sais quel goût sensuel... La seconde réflexion est que ce goût du cœur, joint à la diversité des sexes, à la familiarité des entretiens, à leur durée et à leur privauté, mène insensiblement, mais immanquablement au vice et y est la disposition la plus prochaine... Amitiés criminelles par les impressions qu'elles font sur l'esprit et sur le cœur et par les sentiments qu'elles y produisent... Ce sont, dans toute la conversation, des termes de tendresse, des expressions vives et pleines de feu, des protestations animées et cent fois réitérées, des assurances d'un dévouement parfait et sans réserve ; ce sont, dans toutes les façons d'agir, des airs, des démonstrations, des attentions, des soins, de petites libertés, ou, pour les mieux nommer, des badineries et des puérilités, souvent indignes du caractère des gens, et dont ils devraient rougir. Comment, si près de la flamme, n'en ressentir nulle atteinte? comment, dans un chemin si glissant, ne tomber jamais? comment, au milieu de mille traits, demeurer invulnérable?... La sensibilité du cœur n'est point un crime en elle-même, mais c'est le principe de bien des crimes; car aisément elle se change en sensualité. (1) »

Ce que le prêtre pense, Molière l'a dit aussi bien avant Bourdaloue et de façon plus retentissante, sur les « tréteaux ».

____

(1) Bourdaloue. Pensées. *De la Charité chrétienne et des Amitiés humaines.*

Les « théologiens » ignorent sans doute ce que c'était que « l'alcôviste », mais Molière « l'homme de théâtre » s'en préoccupait, lui ! Il comprenait, comme Bourdaloue, les risques que courait la vertu d'une femme à vivre toujours à côté d'un chevalier servant et il n'était point rassuré par la déclaration de Saint-Évremond :

« L'alcôviste n'était que pour *la forme*, parce qu'une précieuse faisait consister son principal mérite à aimer *tendrement* son amant *sans jouissance*, et à jouir *solidement* de son mari *avec aversion* ».

Aussi, pour déloger l'alcôviste, il dirigeait sur l'alcôve les flèches de la satire.

Le bouffon opposait la loi simple du mariage aux ordonnances compliquées de la galanterie, que Madelon et Cathos considéraient comme paroles d'Évangile.

MADELON. (1)

Mon père, voilà ma cousine qui vous dira, aussi bien que moi, que le mariage ne doit jamais arriver qu'après les autres aventures. Il faut qu'un amant, pour être agréable, sache débiter les beaux sentiments, pousser le doux, le tendre et le passionné, et que sa recherche soit dans

(1) *Les Précieuses ridicules*, scène V.

les formes. Premièrement, il doit voir au temple, ou à la promenade, ou dans quelque cérémonie publique, la personne dont il devient amoureux ; ou bien être conduit fatalement chez elle par un parent ou un ami, et sortir de là tout rêveur et mélancolique. Il cache un temps sa passion à l'objet aimé, et cependant lui rend plusieurs visites, où l'on ne manque jamais de mettre sur le tapis une question galante qui exerce les esprits de l'assemblée. Le jour de la déclaration arrive, qui se doit faire ordinairement dans une allée de quelque jardin, tandis que la compagnie s'est un peu éloignée ; et cette déclaration est suivie d'un prompt courroux qui paraît à notre rougeur, et qui, pour un temps, bannit l'amant de notre présence. Ensuite il trouve moyen de nous apaiser, de nous accoutumer insensiblement au discours de sa passion, et de tirer de nous cet aveu qui fait tant de peine. Après cela viennent les aventures, les rivaux qui se jettent à la traverse d'une inclination établie, les persécutions des pères, les jalousies conçues sur de fausses apparences, les plaintes, les désespoirs, les enlèvements, et ce qui s'ensuit. Voilà comme les choses se traitent dans les belles manières ; et ce sont des règles dont, en bonne galanterie, on ne saurait se dispenser. Mais en venir de but en blanc à l'union conjugale, ne faire l'amour qu'en faisant le contrat du mariage, et prendre justement le roman par la queue ; encore un coup, mon père, il ne se peut rien de plus marchand que ce procédé ; et j'ai mal au cœur de la seule vision que cela me fait.

GORGIBUS.

Quel diable de jargon entends-je ici ? Voici bien du haut style.

CATHOS.

En effet, mon oncle, ma cousine donne dans le vrai de la chose.

MADELON.

Et quelle estime, mon père, voulez-vous que nous fassions du procédé irrégulier de ces gens-là?

CATHOS.

Le moyen, mon oncle, qu'une fille un peu raisonnable se pût accommoder de leur personne?

GORGIBUS.

Et qu'y trouvez-vous à redire?

MADELON.

La belle galanterie que la leur! Quoi! débuter d'abord par le mariage!

GORGIBUS.

Et par où veux-tu donc qu'ils débutent? par le concubinage? N'est-ce pas un procédé dont vous avez sujet de vous louer toutes deux, aussi bien que moi? Est-il rien de plus obligeant que cela! Et ce lien sacré où ils aspirent n'est-il pas un témoignage de l'honnêteté de leurs intentions?

MADELON.

Ah! mon père, ce que vous dites là est du dernier bourgeois. Cela me fait honte de vous ouïr parler de la sorte; et vous devriez un peu vous faire apprendre le bel air des choses.

GORGIBUS.

Je n'ai que faire ni d'air ni de chanson. Je te dis que le mariage est une chose sainte et sacrée, et que c'est faire en honnêtes gens que de débuter par là.

MADELON.

Mon Dieu! que si tout le monde vous ressemblait, un roman serait bientôt fini! La belle chose que ce serait si d'abord Cyrus épousait Mandane, et qu'Aronce de plain-pied fût marié à Clélie!

Ainsi, le *corrupteur* montre les conséquences fâcheuses des mauvaises fréquentations et des mauvaises lectures : la cervelle des jeunes filles dérangée, et leur honnêteté faussée.

Le *menteur* inflige la bastonnade aux Mascarille et aux Jodelet qui trompent des évaporées.

Le *flatteur* rompt en visière avec le parti puissant des *Précieuses*, dont un comédien, à son début, doit redouter la cabale.

Bossuet, débutant aussi dans la carrière *spirituelle*, en usait autrement avec les gens de cour, avec les mondaines.

De l'Université, où il était réputé une merveille, il n'hésite point à passer dans les salons de l'hôtel Guénégaud et de l'hôtel de Rambouillet. Il entre en coquetterie réglée avec les divinités du lieu et, devant ces gentils... et gentilles, prêche, entre onze heures et minuit, des sermons de société. M. Voiture daigne même féliciter le jeune chanoine et l'honorer d'un *impromptu* aussitôt colporté par la ville : « Je n'ai jamais entendu prêcher ni si tôt, ni si tard. »

Péché de jeunesse du prédicateur, dira-t-on !... Eh ! eh !... Bossuet improvisa encore un autre sermon, *des années après*, à Metz, *au dessert* (1), chez la maréchale de Schomberg, où il avait dîné. Il prit pour texte « le changement de l'eau en vin. »

Quelle occasion de s'égayer un peu, si l'on usait des procédés de certains adversaires et si l'on ne savait sacrifier le chatouillement d'un succès aisé au contentement de soi-même qu'assure le respect de ce qui est toujours respectable : le génie et la religion !

Dans *l'École des Maris*, dans *l'École des Femmes,* Molière continue à servir les intérêts

____

(1) Sainte-Beuve : *Nouveaux Lundis.* — Sur Bossuet.

de la famille en plaidant la cause de la douceur qui provoque l'affection, et de la confiance qui impose la fidélité.

Dans le *Festin de Pierre*, il condamne la luxure au feu éternel.

Enfin, dans le *Misanthrope*, il rend la coquetterie odieuse et la châtie sévèrement. Car, voilà encore un point de vue qui a échappé « au théologien » comme à M. Veuillot ; tous deux ont circonscrit, limité à plaisir l'horizon dans lequel plane la pensée du *Contemplateur*.

L'un — ce n'est pas M. Veuillot — examine si Philinte et Alceste procèdent de Socrate plus que de saint Paul ; si leur philosophie est païenne ou chrétienne ;

L'autre — ce n'est pas le théologien — suit les pas des petits marquis, regarde les grands flandrins de vicomtes cracher dans un puits, y faire des ronds, puis s'écrie : « La pièce nous met simplement sous les yeux une collection d'oisifs qui s'amusent ou qui se désennuient à médire, et elle serait beaucoup plus logiquement intitulée « les Médisants. »

Ainsi absorbés par leur idée fixe, ils n'aperçoivent pas la multiplicité des plans, et ne considèrent point, par exemple, l'admirable et saisissant tableau de la fin :

Alceste allant vivre dans la solitude, privé des joies saines de l'amour conjugal parce qu'il a commis la faute de livrer son cœur à une coquette ;

Célimène abandonnée par tous ceux qu'elle a trompés, perdue de réputation, tenue dès lors à l'écart par les honnêtes gens et fatalement condamnée par la maturité qui approche à rester *vieille fille* ou à acheter le nom de quelque drôle, de quelque sans-le-sou titré. Ou le vide, ou les coups, ou la ruine, voilà l'avenir.

Cette leçon n'est pas morale?

Non, non, non, persévère à dire M. Veuillot, « elle est froide, elle est sans portée, parfaitement incapable de corriger personne. »

Je me souviens avoir entendu, aux vêpres, dans mon enfance, un psaume qui pourrait s'appliquer à de tels partis pris :

« *Oculos habent et non videbunt;*
« *Aures habent et non audient;*
« *Nares habent et non odorabunt.* »

Décidément, ils ne veulent rien voir !

Mieux vaut —, lorsqu'on ne dépasse pas les limites de l'admissible, — *voir* dans les chefs-d'œuvre même ce qui *n'y est pas;* car on ajoute ainsi à la somme de réflexions, de jouissances, des lecteurs et des spectateurs.

Mieux vaut admirer, car on prend par là sa part dans la création.

Pour la fleur, il faut non-seulement, d'abord la graine, puis la terre, puis l'eau : il faut du soleil.

Je ne veux pas supprimer le jardinier qui redresse la tige, enlève les parasites et émonde l'arbre; mais, sans le soleil, il n'empêcherait ni l'étiolement ni la mort.

Donc aux *de Vizé*, et à tous les Trissotins du temps, je préfère cet anonyme qui, le soir de la première représentation des *Précieuses ridicules*, lorsque le rideau tomba sur les imprécations de Gorgibus, envoyant au diable les sots livres et les sottes femmes, s'écria :

« Courage, Molière, voilà la véritable comédie. »

Ce vieillard était un *honnête homme* dans le sens où ce mot s'entendait au dix-septième siècle.

Comme tant d'autres gens utiles, il est resté

inconnu : nous le remercions, car Molière dut, cette nuit-là, prendre la résolution de faire renaître Térence et Ménandre.

Mais ce cri n'était pas seulement un bravo, c'était tout un programme.

Cet applaudissement donne la formule du problème de la moralité du théâtre.

En effet, il ne s'agit pas de savoir si le théâtre est une institution que l'Église approuve ; le théâtre est fait pour les hommes, il faut le rendre utile à la société ; et le vieillard disait : « *Voilà la bonne comédie.* »

On ne nie pas qu'un fleuve existe, on l'endigue ; un torrent s'échappe impétueux, violent, des flancs de la montagne, l'industrie humaine prend ses eaux, leur trace un cours, et ce qui aurait détruit fertilise.

La sagesse, l'expérience disent : Faites dans l'ordre intellectuel comme dans l'ordre physique.

Le théâtre est : qu'il soit civilisateur ; qu'il serve au progrès.

Pour cela, il ne faut pas ameuter la foule contre ceux qui en font une chose *grande* et *sérieuse* ; il ne faut pas méconnaître les chefs-d'œuvre qui sont « pleins de leçons et de conseils. »

Si vous supprimez la comédie, vous aurez la féerie ; non point la féerie d'un Shakspeare avec ses sylphes ailés et ses vraies fées qui vont chercher dans la rosée nouvelle des rubis qu'elles poseront sur le sein des roses, des perles qu'elles pendront à l'oreille des fleurs ; mais la féerie telle que, dans un article qui fit sensation, vous l'avez si bien décrite, Monsieur Veuillot : la féerie où l'on voit, outre les trucs :

« Des hommes et des femmes habillés en poissons, d'autres en légumes, d'autres en autre chose, et surtout beaucoup de femmes qui ne sont pas habillées du tout. »

Si vous étouffez Célimène, vous aurez la *femme nue*, celle que, dans votre langage imagé, vous appelez la *grue déplumée*.

Si vous brûlez Molière.... »

Mais. . . . . .

> Que peut contre le roc une vague animée ?
> Hercule a-t-il péri sous l'effort du Pygmée ?
> L'Olympe voit en paix fumer le mont Etna.
> Zoïle contre Homère en vain se déchaîna ;
> Et la palme du Cid, malgré la même audace,
> Croît et s'élève encore au sommet du Parnasse (1).

(1) Piron. *La Métromanie*, acte III, scène VII.

Cependant, il était urgent de relever l'injure adressée, non *à ce grand homme de bien*, mais à ce grand bienfaiteur de la civilisation, à ce génie français qu'un Schlegel aurait dû être seul à attaquer.

Je n'ai pas dit sur Molière tout ce que j'avais à dire : j'ai écrit seulement ce que le temps me permettait de réunir dans une réplique qui, à mon gré, ne pouvait être trop vite rendue publique, tant j'étais impatient de faire ce qui me semble un devoir, et de m'écrier comme le vieillard : « C'est la bonne comédie ! »

Ce devoir est accompli.

« Liberavi animam meam. »

Et maintenant, je retourne à Molière, afin de l'aimer encore davantage en le relisant une fois de plus ; car, ainsi que l'écrit Sainte-Beuve : « Aimer Molière, c'est être guéri, à jamais, je ne parle pas de la basse et infâme hypocrisie, mais du fanatisme, de l'intolérance et de la dureté en ce genre, de ce qui fait anathématiser et maudire ; *c'est apporter un correctif à l'admiration même pour Bossuet*, et pour tous ceux qui, à son image, triomphent, ne fût-ce qu'en paroles, de leur ennemi mort ou mourant ; qui usurpent je ne sais quel langage sacré, et se supposent involontairement, le tonnerre en main, au lieu et place du Très-Haut. »

TABLE

Paris-Imp. PAUL DUPONT, 41, rue Jean-Jacques-Rousseau. 3060.10.77